한 박자 쉬고

- 셀프분노코칭 -

한 박자 쉬고~

ⓒ 이미정, 2019

초판 1쇄 발행 2019년 7월 15일

지은이   이미정
펴낸이   이기봉
편집   좋은땅 편집팀
펴낸곳   도서출판 좋은땅
주소   서울 마포구 성지길 25 보광빌딩 2층
전화   02)374-8616~7
팩스   02)374-8614
이메일   gworldbook@naver.com
홈페이지 www.g-world.co.kr

ISBN   979-11-6435-458-0 (03180)

이 도서의 국립중앙도서관 출판예정도서목록(CIP)은 서지정보유통지원시스템 홈페이지(http://seoji.nl.go.kr)와 국가
자료공동목록시스템(http://www.nl.go.kr/kolisnet)에서 이용하실 수 있습니다. (CIP제어번호: CIP2019025773)

일상생활을 하면서 소소하게 경험하는 '화'에 대해

한 박자 쉬고~

- 셀프분노코칭 -

| 이미정 지음 |

내가 화나는 이유 알기, 무엇이 나를 화나게 하는 것인지 알기!

첫째, '그럴 수도 있지!' 둘째, '다 그럴 만한 이유가 있다!' 셋째, '한 박자 쉬고~'

좋은땅

큰 아들이 어렸을 때,

무섭게 혼낸 적이 있었습니다.

너무나도 화가 나서 제 감정을 어쩌지 못하고 아들에게 쏟아 붓다가

우연히 벽에 걸린 거울을 보게 되었습니다.

아직도 그 얼굴이 눈에 선합니다.

거울 속에는 분명히 '나'이긴 '나'인데

처음 보는 낯선 얼굴이 있었습니다.

인상을 잔뜩 쓰고,

소름 끼칠 정도로 악한 눈빛,

얼굴은 열이 올라 벌겋다 못해 시꺼멓고…….

'나'라고 인정하고 싶지 않은 얼굴,
다시 보고 싶지 않은 모습이 있었습니다.

'내가 사랑하는 아들에게,
내가 사랑하는 사람들에게
이런 모습을 보이며 살았구나!'라는 생각에
너무나도 부끄럽고 미안하고 창피했습니다.

아침부터 저녁까지 하루 종일
습관처럼 짜증을 내고 화를 내고
살았던 적이 있었습니다.

'미정아, 왜 그렇게 사니?'라는 내면의 소리를 들으며,
저는 제 감정을, 짜증을, 화내는 것을,
분노의 감정을 정말 어떻게 하고 싶었습니다.

내가 '화'를 내는 모습도 정말 싫었고,
누군가 '화'를 내는 것을 보는 것도 불편했습니다.
저는 그런 불편한 마음으로부터 편해지고 싶었습니다.

그런데, 어디서, 누구에게, 어떻게 도움을 받아야 할지 몰랐습니다. 그
때만 하더라도 상담을 받을 곳도 마땅치 않았고, 그래서 책을 찾아보았

습니다. '분노 조절'에 관한 책들을 읽으면서, 책에서 안내하는 내용들을 몇 년에 걸쳐서 실천했습니다. 효과가 있는 것은 계속, 효과가 없는 것은 그만두기를 반복하고 반복하면서 나름대로 쉽게 감정 조절을 잘할 수 있는 방법을 찾아냈습니다.

시간이 걸렸지만,
많이 편해졌습니다!
내가 화내는 것도,
남이 화내는 것을 보는 것도.

저에게 효과가 있었던 방법들에 대해 나누고 싶어서 저희 양평가정상담소에서 분노 조절 프로그램 '한 박자 쉬고~'를 진행하였습니다.
일상생활을 하면서 소소하게 경험하는 '화'에 대해 많은 분들이 도움을 받으셨습니다.
마음이 편해진다는 이야기를 들으면서 더 많은 분들과 나누고 싶어졌습니다.
그래서 이 책을 씁니다.

제가 편해진 것처럼,
편해지시길 바랍니다.

* 이 책에 소개되는 사례는 각색한 부분이 있음을 알려드립니다.

"세상은 바뀌지 않는다. 다만, 우리가 바뀔 뿐이다"

― 헨리 데이비드 소로우

이 책의 중요한 내용은
두 가지입니다.

첫째, 내가 화나는 이유 알기,
무엇이 나를 화나게 하는 것인지 알기.
알아야 달라질 수 있습니다.

둘째, 화가 났을 때,
화를 어떻게 표현해야 할지에 대해 아는 것입니다.

중요 키워드는

첫째, '그럴 수도 있지!'
둘째, '다 그럴 만한 이유가 있다!'
셋째, '한 박자 쉬고~'입니다.

목차
~~~

하나,

'화'라는 감정
알기

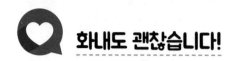

화내도 괜찮습니다!

혹시, 살면서 이런 이야기를 들어 보셨나요?

'행복해하지 마.'

'기뻐하지 마!'

'즐거워하지 마!' 등등의 이야기를 들어 보신 적이 있으신가요?

아마 없으시겠지요.

'그만 울어.'

'슬퍼하지 마.'

'짜증 내지마.'

'화내지 말라니까.'

'소심하게 굴지 마!'

'까칠하게 굴지 마!'

'무서워하지 마.' 등등

아마도 이런 이야기는 많이 들으면서 살아왔고, 이런 말들을 사용하며 생활하고 있으리라 생각합니다.

다 같은 감정인데, '분노'라는 감정을 비롯하여 소위 부정적인 감정이라
고 일컬어지는 감정들, 슬픔, 두려움, 괴로움, 짜증 등에 대해서는 표현
하지 말라고, 참으라고 합니다. 그러나 그 외의 감정에 대해서는 보통
은 참으라고 하지 않습니다. '똑같은 감정'의 입장에서 보면, 소위 말해
서 '부정적'이라 일컬어지는 감정들의 '감정'이 별로 좋지는 않을 것이라
는 생각이 듭니다.

2015년에 개봉한 「인사이드 아웃」이란 영화가 있습니다. 다섯 가지 감
정을 의인화하여 주인공인 '라일리'의 삶을 그려 나가는 영화입니다. 다
섯 가지 감정은 기쁨(Joy), 슬픔(Sadness), 까칠(Disgust), 소심(Fear),
그리고 버럭(Anger)입니다. 라일리가 변화된 환경과 상황을 접하면서
여러 가지 감정들을 경험하는데, 여러 감정들은 저마다의 역할을 하며,
'라일리'의 성장을 도와 갑니다. 감정에 대한 이야기를 참으로 잘 표현
했다는 생각을 하면서 보았습니다. 모든 감정들이 삶 속에서 다 필요한
것이라는 것을 새삼 느끼면서 보았습니다.

항상, 언제나 '기쁜' 마음으로 살아갈 수는 없습니다.
항상, 언제나 긍정적인 마음으로 살아갈 수는 없습니다.
'기쁨'을 알기에 '슬픔'이 무엇인지 알 수 있고,
'슬픔'이 있기에 '기쁨'이 무엇인지 알고,
충분히 슬퍼해야 마음의 평정이 찾아지고,

'불안'이 있기에 미래를 준비할 수 있고,

'소심함'이 있기에 안전을 생각할 수 있고,

'까칠함'이 있기에, '버럭'이 있기에 나는 나를 보호할 수 있습니다.

우리가 의식을 하든, 못 하든, 존재하는 모든 감정들은 있을 만한 이유가 있어서 존재합니다. 각자의 역할이 있고, 그 역할들은 우리를 위해 존재합니다.

우리는 다양한 감정들을 경험하면서 살아갑니다.

긍정적인 감정이든, 부정적인 감정이든, 감정이란 것은 살아 있어서 우리를 즐겁게도 하고 또는 슬프게도, 우울하게도 합니다.

아마 감정을 느낀다는 것은 우리가 살아 있기 때문이겠지요.

'화'를 표현하는 것은 나쁜 것일까요?

'분노'는 필요 없는 것일까요?

부정적으로 표현되어지는 감정들은 우리 삶에서 참아야 하고, 견디어 내고, 필요가 없는 감정들일까요?

그럼, 필요가 없다면, 그런 감정들은 왜 존재하는 것일까요?

누군가가 내 사랑하는 자녀에게 폭력적인 행동을 한다면 참아야 하나요?

누군가가 내 경계를 침범하면 참아야 하나요?

화를 안 내면, 상대는 내가 사랑하는 아이에게 폭력적인 행동을 계속할 것입니다. 내 경계를 침범하는 행동을 지속할 것입니다.

내가 나를 보호하기 위해, 내가 사랑하는 사람들을 보호하기 위해, 나의 권리를 위해, 중요한 것을 지키기 위해 필요하다면 '화'를 내야 합니다.

단, 나를 지키기 위해, 보호하기 위해 '화'를 표현할 때, 상황에 따라 다를 수도 있겠습니다만, 폭력적인 방법은 삼가해야 합니다.

내가 나의 소중한 것을 지키듯이, 다른 사람들도 본인들의 중요한 것을 지키기 위해, 보호하기 위해 화를 낼 수 있습니다.
누구라도 화낼 수 있다는 것을 인정하는 것만으로도 마음이 편해질 수 있습니다.
아이든, 어른이든 누구든 화를 낼 수 있습니다.
화를 낼만한 이유가 있으니까 화를 내는 것입니다.

'분노', '화', '짜증', '불쾌감' 등의 부정적인 감정이라고 알고 있는 모든 감정들 역시 행복감, 만족감, 즐거움, 기쁨 등 긍정적이라고 표현되는 감정들과 마찬가지로 살면서 자연스럽게 느껴지는 감정들이고, 우리를 위해 존재합니다.

어렸을 때부터 들어 왔던 말,
'화내지 마!'

화나는 감정을 드러내면 안 된다는 어른들의 말을 듣고, 그래서 나도 화나는 감정을 드러내면 안 된다고 생각을 하고, 감정을 드러내는 것을 어려워하면서 살아왔고, 그래서 내 자녀에게도 하고 있는 말이 바로 '화 내지 마!'입니다.

그러나 우리의 솔직한 감정이 존중받지 못한다면, 존중하지 않는다면, 편안한 삶은 어려울 것입니다.
우리가 어려서,
좋은 건지 나쁜 건지도 모르고,
왜 그래야 하는지도 모르고,
어른들이 그저 그렇게 하라니까
'어른 말을 잘' 들어야 하니까,
아무 의심 없이 받아들여서 당연한 것처럼 생각해 왔던 '화내지마'란 말 이 혹시, 나를 힘들게 하지는 않았는지 생각해 볼 일입니다.

우리가 기뻐하고, 즐거워하는 것처럼, '화'내도 됩니다.
괜찮습니다.
자알 내면 됩니다.
자알 표현하면 됩니다.
어떻게 자알 표현하느냐가 문제이겠지요.

 **'화'에 대한 이해**

어떤 사람들은 화를 참아야 한다고 이야기하고, 어떤 사람들은 화를 내야 한다고 말합니다. 나름대로의 이유를 들어서 설득력 있게 이야기를 합니다.

제가 분노와 관련하여 읽은 책들을 보면, 분노라는 감정에 대해 연구를 한 저명한 학자들도 화를 표출해라, 맘껏 표출해야 한다고 주장하는 분들과 화는 참아야 한다고 주장하는 두 부류로 나눌 수 있을 것 같습니다.

한동안 화가 났을 때, 접시를 깨거나 무언가를 부순다든지, 때린다든지 폭력적인 행동을 하면서 분노를 표출하는 것이 유행처럼 번졌던 적이 있었습니다. 학자들이 그 부분에 대해 연구를 했답니다. '화를 표출했을 때, 정말 분노의 감정이 없어지는가?'라는 부분에 대해서. 결론은 그렇지 않았다고 합니다. 분노를 표출하면 할수록 분노의 감정은 더욱더 격해지고, 폭력적인 경향이 강해지며, 오히려 도움이 되지 않았다고 합니다. 물론 순간적으로 속 시원함을 느낄 수 있을지는 모르겠지만, 근본적인 문제 해결은 안 된다는 것이겠지요.

또 다른 한 부류는 화를 표출하는 것은 많은 부작용이 있으므로 참아야 한다, 화를 내는 것은 바람직하지 않다고 말합니다. 참아야 한다고 주장하는 학자들도 있습니다. 화를 참아서 좋은 것이라면 소위 말하는 '화병(火病)'이라는 것은 없었으리라 생각합니다. 화를 참아 내야 하는 것은 아니라는 거지요.

화를 내거나 참는 것 모두 장단점이 있겠지요. 화를 내서 좋은 결과를 가져오기도 하고, 인간관계가 더욱 끈끈해지기도 하지만, 오히려 어떤 관계에서는, 어떤 상황에서는 더욱 좋지 못한 결과를 가져오는 것을 우리는 경험합니다.

상대방이 예의 없이 굴거나, 운전 중에 다른 차가 갑자기 내 차를 앞지르기하거나, 상대방이 나를 무시하는 행동을 하는 것에 대해 짧은 순간, 불쾌감을 경험하거나 짜증, 혹은 '욱' 하는 감정을 경험할 때가 있습니다. 이런 감정들은 잠시 내게 왔다 사라져 버리기도 합니다.

빚 문제나, 인간관계의 갈등으로 오랜 시간 스트레스 상황을 경험해야 하는 경우도 있습니다. 그런 상황이 '화'가 나지만, 어쩔 수 없이 장기간 계속되기도 합니다. 이렇게 장기간 '화'라는 감정에 노출이 되면, 아시다시피 건강에 문제가 생기기도 합니다.

화가 나서 상대방에게 '폭력'을 쓰면, 법적으로 책임을 져야 하는 결과를 가져오기도 합니다.

밖으로 화를 내지 못하는 사람들 중에는 자신에게 화를 내는 방법을 선택하고, 그것은 자살이나 자기 학대의 결과를 가져오기도 합니다.

결국, 다른 감정보다 '화'를 잘 표현하는 것은 내가 건강하게 살 수 있고, 법적인 문제에 노출되지 않고, 내가 편하게 살 수 있는 방법이라고 생각합니다.

나를 힘들게 하는 것은, 여러 가지가 있을 수 있지만, 그 중 한 부분은, 내가 관계를 맺고 살아가는 사람들과의 사이에서 소소하게 느끼고 경험하는 짜증, 불쾌감, 화나는 일들입니다.
내가 기대하고 있고, 나를 인정해 줬으면 좋겠다고 생각하는 대상들로부터, 나를 사랑해 줬으면 좋겠다고 생각하는 대상들로부터, 내가 사랑하는 가족들로부터, 가까운 사람들로부터, 기대가 무너지고, 상처를 받고, 나를 알아주지 않는 것에 대한 서운함 등으로 인해 화를 냅니다. 물론, 사람마다 화를 내는 이유는 다양합니다.

화를 안 내고 살 수는 없습니다. 화를 내야 할 때는 내야하고, 분노해야 할 때는 분노해야 합니다. 문제가 되는 것은 '화'를, '분노'를 습관처럼 내는 것이겠지요.

왜 화가 나는지,

무엇 때문에 화가 나는지,

상대방에게 어떤 피해를 주게 되는지,

화를 냄으로서 어떤 효과를 얻을 수 있는지,

어떤 결과를 가져올 것인지 등등에 대한 생각이 없이 습관처럼 짜증을 내고, 소리를 지르고, 화를 낸다면 스스로 자신의 감정에 대해 살펴 볼 필요가 있을 것입니다.

화가 나는 이유

아이들에게 "김치는 건강에 좋으니까 많이 먹으렴." 엄마가 말을 하면, "네, 엄마, 저를 위해서 그러시는군요! 감사합니다!"라고 엄마 말을 잘 듣는다면, 아침 일찍 아이들을 깨울 때, "일어날 시간이다." 한마디 하면, 아이들이 "알았어요, 엄마. 깨워 주셔서 감사합니다."라고 말을 잘 듣는 등 공부도 잘 하고, 친구관계도 좋고, 리더십도 있고, 좋은 성격에 자기가 할 일은 스스로 알아서 하고, 내 말을 잘 듣는 아이들로 자란다면, 엄마인 내가, 아빠인 내가 아이에게 화낼 일은 없을 겁니다.

아이들의 입장에서 볼 때, 하기 싫은 공부하라고 잔소리하지 않고, 먹고 싶다는 것 다 먹게 해 주고, 갖고 싶은 거 다 사 주고, 하고 싶은 게임 실컷 하라고 하고, 아이들의 감정을 잘 읽어 주고, 이해해 주고 사랑해 주고 자신을 믿어 주는 부모라면, 이런 부모와 같이 사는 아이들은 화 날 일이 없을 겁니다.

남편(아내)에게 무언가를 부탁을 할 때, 아내(남편)가 "알았어. 여보."

라고 반응을 해 주고, 나를 배려해 줘서 마음을 편하게 해 주고, 나의 부족한 일에도 칭찬을 해 주고 감사한 마음을 표현해 주고, 언제나 다정다감한 모습으로 나를 대해 준다면, 거기다 상대방에 대한 존경의 마음을 갖는 배우자와 같이 산다면, 거기다 경제적인 여유도 갖게 해 준다면, 언제나 든든한 내 편이 되어 주고, 있는 그대로의 내 모습을 인정해 주고, 서로의 다름을 인정해 주는 배우자와 같이 산다면, 부부 사이에 화를 내는 일은 아마도 없을 것입니다.

직장생활을 하는 데 있어서도 내가 원하는 일을 하고 있고, 만족할 만한 급여를 받고, 직장 상사와 동료들에게 능력을 인정받고, 사회적으로 의미 있는 일이어서 보람도 느낄 수 있다면, 게다가 나를 소중히 여기는 사람들과 함께 일을 한다면 직장 생활을 하면서 화나는 일은 아마도 없을 것입니다.

내가 원하는 건강한 삶에 내가 원하는 물질적인 풍요로움과 내가 원하는 대로, 내 뜻대로 모든 일이 진행이 된다면, 굳이 화를 안 내고도 살 수도 있을 겁니다. 하지만, 많은 경우 그런 삶이 허용되지는 않는 것 같습니다.

내 뜻대로 될 때도 있지만, 내 뜻대로 되지 않을 때도 있습니다. 오히려 내 뜻대로 되지 않는 게 더 많은 것 같습니다. 그럼, 내 뜻대로 되지 않는다고 해서 화를 내고 살아야 할까요?
다른 사람들이 내 뜻대로 해 주어야 할까요? 그럼 좋겠지만, 모두들 각자 자기 생각이 있고, 자기 생각대로 행동을 합니다.

나는 다른 사람이 원하는 대로 해 주나요?
아이들이 원하는 엄마, 아빠가 되어 주나요?
남편이나 아내가 원하는 대로 해 주나요?
주변 사람들에게 칭찬도 해 주고, 인정도 해 주고, 믿어 주나요?

나는 주변 사람들에게, 그 사람들이 원하는 것을 해 주지 않으면서 그들은 내가 원하는 대로 해 주어야 한다고 생각하고 있지는 않은지, 혹은, 나는 주변 사람들에게 최선을 다해 그들이 원하는 것을 해 주고 있는데, 그들은 받기만 하고, 내가 원하는 대로 해 주지 않아 화가 나지는 않는지요?

사람마다 정도의 차이는 있겠지만, 우리가 화를 내는 분명한 이유는 '내 뜻대로 안 돼서'입니다.
내 뜻대로 안 되니까 짜증이 나고 화가 납니다.

그런데,
내 뜻대로 되어야만 하는,
당연히 그래야만 하는 이유가 있을까요?

내 뜻대로 되면 좋긴 합니다만,
내 뜻대로 되지 않는다고 해서 화낼 이유는 없습니다.

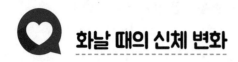

화날 때의 신체 변화

화가 나면 우리는 신체 변화를 경험합니다.
화가 남과 거의 동시에 신체적인 변화를 느끼게 됩니다.

맥박이 빨라지고,
가슴이 두근거립니다.
열 받아서 얼굴이 빨개지기도 합니다.
어떤 사람은 뚜껑이 열린다고도 합니다.
답답해지기도 하고,
눈물이 나기도 하고,
식은땀이 나기도 하고,
손이 떨리기도 합니다.
발에 힘이 빠져서 주저앉기도 합니다.
목이 뻣뻣해지고, 머리가 아프기도 합니다.
소화가 잘 안 되기도 하고, 화났을 때 음식을 먹으면 체하기도 합니다.
음성이 높아지고,

한 박자 쉬고~

말이 많아지기도 하고, 오히려 말이 없어지기도 합니다.

너무나도 화가 나면, 순간적으로 망각 현상이 생겨서 본인이 한 말을 기억 못 하기도 합니다.

잠이 안 오고, 밥맛이 없어지기도 합니다.

어떤 사람은 구토 증세를 보이기도 합니다.

이런 신체 변화는 몸이 우리에게 보내는 신호입니다. 내가 인식하고 있는 '화'이든, 인식하지 못한 '화'이든 내 몸은 내게 '화났다'는 신호를 보내 줍니다.

'화'는 상황에 따라 금방 사라지기도 합니다. 화난 감정이 내 안에 잠시 머물렀다 가더라도 보통은 위에서 표현한 내용 중 한두 가지를 경험합니다. 일부러 경험하고 싶은 내용은 하나도 없습니다.

내 안에 잠시 머무르는 것도 나에게 부정적인 영향을 미치는데, 오랜 시간 동안 화난 감정에 머물러야 한다면, 결국 건강이 안 좋아질 수밖에 없습니다. 아시다시피 반복적이고 지속적인 화는 나의 신체를 위협하는 질병으로 나타날 수 있습니다.

결국, 화난 감정이 내 안에 머무르는 시간을 짧게 하면 할수록 내게 도움이 될 것입니다.

우선, 내가 화났을 때,

화가 나려고 할 때,

나에게 어떤 신체 증상이 생기는지 알아야 합니다.

'화가 나니까 얼굴에 열이 오르네,
가슴이 둥당거리네.
화가 나면 억울한 마음에 눈물이 먼저 나와서 말을 못 하는구나!
화가 나면 흥분을 하니까 할 말을 못 하는구나!' 등등

내가 화가 나면, 이러저러한 신체 변화가 있는 것을 알아야 그 화를 다룰 수 있게 되니까요.

화가 났다면, 화가 난다면, 나의 신체적인 변화를 알 수 있는 좋은 기회입니다. 어떤 상황에서 어떤 신체 변화가 있는지를 알 수 있는 아주 좋은 기회입니다.

몇 번이고 의식적으로 경험하다 보면, 내 감정을 객관적으로 볼 수 있는 힘이 생깁니다. 내 감정을 객관적으로 볼 수 있게 되면, 다른 사람의 감정도 볼 수 있게 됩니다. 내 감정을 객관적으로 보기 시작하고, 다른 사람의 감정이 보이기 시작하면, 내 감정을 스스로 다룰 수 있게 됩니다.

# 화날 때의 행동 변화

화가 나면, 어떤 행동을 하나요?

화가 나면 소리를 지르거나
물건을 집어 던집니다.
상대방에게 욕을 하거나
무시하기도 합니다.
울기도 합니다.
아무 말도 하지 않아 상대방을 더욱 화나게 하기도 합니다.
어떤 사람은 그 자리를 떠나기도 합니다.
폭식을 하거나 굶기도 하고
술을 먹기도 합니다.
요란한 설거지를 하기도 합니다.
문을 쾅 닫기도 하고,
안하던 대청소를 하기도 하고,
친구와의 수다를 통해 화를 풀기도 합니다.

영화를 보기도 하고,

운동을 하기도 하고,

쇼핑을 하면서 화를 다스리기도 합니다.

보통 화가 나면 하는 행동들입니다. 이 정도는 화났을 때 누구나 할 수
있는 행동이라고 생각할 것입니다.

그러나

여러분이 화를 낼 때,

여러분들의 화난 모습을 보면서,

여러분이 사랑하는 누군가는 상처를 받아 힘든 삶을 살아가게 될지도
모릅니다.

이는 상대방에 대한 폭력입니다.

또한,

화가 나서, 화가 났다고 이런 행동을 하기도 합니다.

상대방을 때리거나

나보다 약한 사람을 괴롭히거나,

묻지 마 폭행을 하거나,

도구를 사용하여 상대방을 위협하는 등의

폭력적인 행동을 하기도 합니다.

부모가 화가 났다고 어린 자녀들을 괴롭히기도 합니다.

우리가 알고 있는 아동학대입니다

화가 났다고, 힘이 있는 사람이 힘이 없는 상대방에게 폭력적인 행동을 하는 것, 가족 구성원들 사이에 발생하는 이런 폭력을 부부폭력, 가정폭력이라고 합니다.

아무리 화가 난다고 해도,
화가 났다고 해도,
선택해서는 안 될 내용들입니다.
폭력입니다.
'범죄' 행동입니다.
화가 난다고 폭력적인 방법을 선택해서는 안 됩니다.
비폭력적인 방법을 선택해야 합니다.

내가 화난 것을 인식하고, 내가 화가 나면 어떤 행동을 하는지를 알고,
그 행동이 폭력적인 것인지 아닌지를 알아야 합니다.
폭력적이라면 당장 멈추어야 합니다.

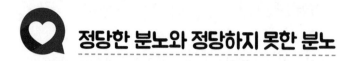

정당한 분노와 정당하지 못한 분노

지금 내고 있는 화가 '정당한지', '정당하지 않은지' 화를 내면서 스스로가 잘 압니다.

제가 어렸을 때, 할머니께서는 시장에서 순댓국 장사를 하셨습니다. 할머니네 가게는 저희 집에서 약 40분 정도 걸어야 갈 수 있는 곳에 있었습니다. 할머니네 가게에 가면 재밌는 일들이 많았습니다. 북적북적 손님들도 많았고, 할머니 잔심부름을 하기도 하고, 어린애가 심부름을 잘한다고 손님들에게 칭찬도 듣고, 할머니가 용돈도 주시고, 맛있는 것도먹고, 암튼 할머니네 가는 게 좋았습니다.

어느 겨울날,
할머니네 갔다가 날이 어두워지는 바람에 그냥 할머니네 가게에서 잤습니다. 제가 엄마에게 아무 말도 하지 않고, 그냥 할머니네 가게서 잔 겁니다. 어린 저는 엄마가 걱정하실 건 꿈에도 생각하지 못했습니다.

다음날 아침 집에 돌아왔는데, 엄마가 화를 내며 저를 때렸습니다. 그 당시에는 엄마가 왜 나를 때리는지도 모르고 맞았습니다. 많이 아팠고, 당황했습니다.

엄마가 화가 난 이유는, 제가 엄마에게 허락도 받지 않고,
말씀도 드리지 않고, 할머니네 갔기 때문이었다는 것을 나중에 알게 되었습니다.

낮에는, 어디 갔나 보다, 곧 들어오겠지 생각하고 계시다가 밤이 되어서도 돌아오지도 않고, 어디 갔는지도 모르겠고, 엄마 입장에서는 제가 없어진 줄 알고 밤새 걱정을 하셨답니다.

그때, 엄마에게 맞은 기억이 있지만, 그것이 제게 상처로 남아 있지는 않습니다. 엄마를 원망하지 않았습니다. 엄마 입장에서는 정말 화날 만한 일이었으니까요. 자식이 저녁이 되어도 집에 돌아오지 않으니 얼마나 걱정을 하셨을까요.
물론, 폭력을 사용한 것은 잘못된 선택이셨지만, 화가 났다고 폭력을 사용하는 것은 바람직하지 않습니다만, 제가 어렸을 당시에는 그런 폭력적인 행동이 어느 정도 용인이 되는 분위기였습니다.

엄마가 화를 내신 이유를 알고 나서부터는 어디를 가게 되면 부모님에게 말씀을 드리고 허락을 받았습니다. 집에 돌아와서는 다녀왔다고 말씀을 드리고, 무슨 일이 있었는지 알려 드리는 것이 습관이 되었습니

다. 적어도 부모님에게 걱정을 끼쳐서는 안 된다고 생각을 하게 된 것입니다.

엄마가 화내시면서 야단 친 것이 저에게는 좋은 습관을 갖게 해 준 결과를 가져왔습니다. 엄마의 화가 정당하다고 저도 느꼈기 때문입니다.

정당하다는 것은 '이치에 맞아 바르고 마땅한 것'을 말합니다. 누가 봐도 화낼 만한 상황에서 화를 낸다는 말입니다.

내가 무엇 때문에 화가 났는지 알고,
내 감정을 스스로 통제하면서,
상대방에 대한 사랑과 관심으로,
상대방을 염려하는 마음에서,
걱정하는 마음에서,
문제 행동을 바로잡기 위해,
관계를 더욱 성장시키고 발전시키기 위해,
뚜렷한 목적을 갖고,
비폭력적인 방법으로,
화를 내는 것은 정당하다고 할 수 있을 것입니다.

하지만,
너무나도 감정이 격해져서
분노를 스스로 통제하지 못하고,

상대방이 어떤 상처를 받을지 전혀 고려하지 않은 채,

상대방을 공격하기 위해,

앙갚음을 하기 위해,

보복하기 위해,

상대방에게 상처를 주기 위해,

이기적인 마음으로,

'종로에서 뺨 맞고, 한강에 가서 눈 흘긴다'는 속담처럼,

화를 내야 할 상대에게 못 내고,

나보다도 약한 상대방에게 화풀이한다든지,

스스로 죄책감이 느껴지는 화를 낸다든지,

폭력적인 언행으로 분노를 표현하는 것은

정당하다고 볼 수 없습니다.

바람직하지 않습니다.

관계가 깨져 버립니다.

관계를 깨 버리기 위해 일부러 위에 나열한 방법을 선택할 수도 있겠지만, 그런 행동을 하고 나서 내 맘이 편할 리 없습니다.

제가 아이를 낳고 키우면서, 비겁하게, 정당하지 못하게 어린 아이들을 향해 화를 낸 적이 많았습니다. 여러 가지 이유로 아이들에게 잘못된 행동들을 했습니다. 아이들에게 어떤 영향을 주는지도 모르고 무식하게 잘못된 행동들을 했습니다. 미안하고 또 미안한 마음입니다.

스스로 생각해 볼 때, 정당하지 않다고 느껴지는 행동이라면 그만두어

야 합니다. 내가 화를 낼 때, 누구라도 그런 상황이라면 화를 낼 만한 상황에서 화를 내고 있는지 아닌지 살펴볼 필요가 있습니다.

화가 나서 하는 행동이 잘못된 것을 알고 있는데도 불구하고, 정당하지 않은 행동임을 알고 있는데도 불구하고, 그만두고 싶은데, 마음대로 되지 않는다구요?

화가 나서 화를 풀어야 하는데, 풀고 싶은데, 그 화풀이 대상이 나보다 힘이 있는 대상이 아닌 힘이 없는 약한 대상이고, 화를 내고 나면, 화풀이를 하고 나면, 잠시잠깐이라도 속이 후련해지는 기분을 느끼기도 합니다.

혹시, 그 속이 후련해지는 기분, 그 느낌을 끊기가 어려운 것은 아닐런지요. 화를 내고 나면 느끼는 후련한 감정, 후련한 감정을 얻기 위해서는 먼저 화를 내야겠지요. 그래서 화를 내지 말아야 하는데 그게 잘 안된다고 하는 것은 아닐런지요.

내가 화를 낼 때, 내가 화를 내도 괜찮다고 생각하는 대상, 화풀이 대상이 되는 존재는 대부분 나보다 약한 존재입니다. 나보다 약한 존재는 내가 화를 내더라도 아무 말도 못하고, 아무 행동도 못하고, 그저 당하기만 합니다.
이런 행동은 상대방에 대한 '폭력'입니다.
'폭력'은 어떠한 상황에서도 정당화될 수 없습니다.

화의 근본적인 원인을 해결하지 않고는 진정한 속이 후련함은 없을 것이라 생각합니다.

하지만, 화가 나는 근본적인 이유를 알고, 해결할 수 있는 내용이 있는 반면에 원인은 알지만 내가 해결할 수 없는, 어쩌지 못하는 것들이 있기도 합니다.

그럴 때 화가 나는 것은 내 감정이지만 어떻게 하기가 어려운 것 같습니다.

날씨는 내 맘대로 어쩌지 못합니다.
내가 원하는 날씨가 아니라고 화를 내봤자,
날씨가 내가 원하는 대로 달라지지는 않습니다.
시간은 내 맘대로 어쩌지 못합니다.
시간에 늦었다고 해서 조바심을 내 봐야 소용이 없습니다.
다른 사람에 대해서도 내 맘대로 어쩌지 못합니다.
나이를 먹는 것이 싫다고 안 먹을 수도 없습니다.
늙는 게 싫지만, 늙어 가는 게 화가 나지만 그건 어쩔 수가 없습니다.
화를 낸다고 해서 달라지는 것은 아무것도 없습니다.
스트레스만 더 쌓이겠지요.

내가 통제할 수 있고, 통제할 수 없는 것들이 있는데, 통제할 수 없는 것들로 인해 화를 낸다는 것은 어리석다고 생각합니다.

말 그대로 어쩔 수 없습니다.

'어쩔 수 없죠!'

어쩔 수 없는 것은 어쩔 수 없다고 받아들이는 것도, 그냥 있는 그대로
받아들이는 것도, 내 맘이 편해질 수 있는 방법입니다.

화내는 것은 부모에게서 배운다

결혼한 지 얼마 되지 않은 어느 날 아침 남편과 싸웠습니다. 제 입장에서는 제가 일방적으로 당한 상황이었습니다. 그 당시만 하더라도 '남편은 하늘이고, 아내는 땅이다.'라는 생각과 함께 남편을 '아버지'라고 생각할 때여서 감히 '아버지'인 '남편'에게 말대답을 해서는 안 된다고 생각을 했기 때문에 화가 나는 상황이더라도 내가 화났다고 하는 것을 내색하지도 못할 때였습니다.

제가 어렸을 때부터 들어 왔던 고정관념, '어른한테는 말대답을 하지 마', '남편은 하늘이다'라는 것 때문에 그런 것입니다.
어릴 때부터 어른들에게 들어 왔던 이야기들이, 그 생각이 옳은 건지 그른 건지도 모른 채 받아들여서 만들어진 것이 그러했기 때문에 저는 제 감정을 노출시키지 않았습니다. 지금 생각해 보면 참 어이없는 생각인데, 그때는 그랬습니다.

암튼, 남편이 한바탕 퍼붓고 나간 뒤, 저는 '어쩌고저쩌고' 혼잣말을 하며 설거지를 '우당탕' 소리 나게 했습니다.

'내가 김 씨 집에 시집 와서 도대체 이게 뭐냐? 내가 이러려고 결혼을 했
냐?' 등등 남편을 원망하는 말을 하면서 설거지를 했습니다.

그런데, 등 뒤에서 갑자기 남편 목소리가 들렸습니다.
"아니, 혼자 뭐라고 떠드는 거야?"
저는 깜짝 놀랐습니다.
'내 소리를 들었나? 들었으면 어떻게 하지?'라는 생각과 함께 나도 모르
게 화난 것에 대해서 혼자 말을 하는 것을 알게 되었습니다. 그전에도
내가 의식하지 못한 채, 화가 나면, 혼잣말을 한 적이 있었겠지만, 내가
의식하게 된 것은 그때가 처음이었습니다. 그때, 저는 스스로에게 정말
놀랐습니다.
'어머! 내가 왜?' 스스로에게 어이가 없었습니다.

친정 엄마는 화난 일이 있으면, 설거지를 하면서 혼잣말을 하셨습니다.

제가 중3 때, 한동안 아침에 학교 갈 때마다 엄마의 그 소리를 들었습니
다. 엄마도 화가 나는 일이 있을 수도 있고, 화를 표현할 수도 있는 건
데, 어린 마음에 엄마는 화를 내면 안 되는 사람이라는 생각을 했던 것
같습니다. 엄마의 화난 소리, 화나서 혼잣말을 하시는 것을 들으면서,
속상하고 화가 나서 사춘기인 저는 '죽고 싶다'는 생각을 했습니다.
생각은 그랬지만, 겁이 나서, 무서워서, 죽음 대신 저는 심각하게 가출

을 생각했습니다. 엄마의 그 모습이 정말 싫어서 집에 있고 싶지 않았고 가출을 생각을 했던 것입니다. 학교 공부도 싫어지고, 학교 가기도 싫어지고, 수업시간에 선생님에게 반항을 하고, 교무실에 가서 야단도 맞고, 운동장에서 큰 소리로 울기도 했습니다.

엄마는 화가 나시면, 그렇게 표현을 하셨습니다.
남들이 보면 정신 나간 사람처럼 혼자서 어쩌고저쩌고.
내가 정말로 싫어한 모습이었는데, 내가 그런 모습으로 화를 내고 있었던 것이었습니다.
싫어하는 모습을 닮는다더니 내가 그럴 줄은 몰랐습니다.
제가 엄마의 화내는 모습을 닮았습니다.

우리 아버지께서는 눈빛으로 화를 내셨습니다.
우리 아버지는 주변에 어려움을 겪고 있는 분들이 있으면 도와주시는 의롭고 멋진 분이셨습니다만, 화가 나면 정말 무서웠습니다. 아버지께서는 화가 나시면, 눈을 동그랗게 크게 뜨시고, 상대방을 제압하는 듯 강렬한 눈빛으로 눈동자를 위아래로 굴리며 상대방을 쳐다보셨습니다. 그 눈빛을 보면 너무 무섭고 두려워서 꼼짝 못하고 얼어붙었습니다. 정말 무서웠습니다.

제가 아이들에게 그런 눈빛을 하고 있는 것을 어느 날 알게 되었습니다. 내가 싫어했던 모습을, 행동을 나도 모르게 하고 있었던 것입니다.
아이들이 얼마나 무서웠을까요.

나는 화난 내 감정에 충실해서, 너무나 충실해서 아이들이 무서워하는지도 모르고 그런 눈빛으로 아이들을 바라봤던 겁니다. 내가 원해서 아이들을 낳아 놓고 나서 사랑을 한다면서도 아이들에게 상처를 주는 행동을 하고 있었던 겁니다. 나의 행동이 아이들에게 상처가 될 것이라는 생각도 못한 채, 바보처럼 그랬습니다.

제가 상담 현장에서 만난 부모님 중에 화가 나면 물건을 집어던지는 분이 계셨습니다. 서너 살 된 자녀가 화가 난다고 물건을 집어던지는 자신의 행동을 그대로 따라 한다고 하셨습니다.

또 다른 부모님께서는 자녀를 두 명 두었는데, 엄마가 큰아이에게 화가 나서 하는 행동 그대로 큰아이가 동생에게 하는 모습을 보고 어이없기도 하고 놀랐다고 합니다.

어떤 분께서는 화가 나면 입을 다문다고 합니다. 자신의 어머니도 화가 나면 입을 다물고 화가 풀릴 때까지 아무 말씀도 안 하셔서 그것을 보는 아버지께서 많이 답답해 하셨고, 본인도 답답했는데, 본인도 화가 나면 아예 아무 말도 안 한다고 합니다. 남편이나 아이들이 많이 답답했을 거라고 하시더군요.

많은 경우, 화내는 것을 부모에게서 배운다고 합니다. 부모가 화내는 모습을 그대로 학습을 합니다.

내가 사랑하는 사람들에게 내가 싫어했던 모습을 보인다면 참 미안한 일입니다. 내가 우리 부모님을 닮아서 화를 내는 것처럼, 사랑하는 내 자식이 나를 닮아서 똑같이 화를 내면 어떨까요?

우리 부모님은 어떻게 화를 내셨고,
나는 어떻게 화를 내고 있나요?
내가 싫어하는 모습으로 내가 화를 내고 있다면,
이제 그만두는 것은 어떨까요?

대부분의 부모님들은 자녀들이 행복하게 살기를 바랍니다. 그런데 부모가 오히려 자식에게 분노를 퍼부어 상처를 주어 사랑하는 자녀들이 행복하게 살아가는 데 걸림돌이 되기도 합니다.

어린 시절의 상처 때문에 화가 난다

상담 현장에서 만난 어느 어머니 이야기입니다.

이 어머니에게는 딸이 두 명 있습니다. 본인에게 괴로운 것이 있는데, 그것은 딸아이가 우는 모습을 보는 것이라고 했습니다. 딸아이가 우는 꼴을 보면 속이 뒤집어지고 화가 치밀고 아이가 밉다고 했습니다. 아이들을 정말 좋아하고 사랑하는데, 다른 건 다 괜찮은데, 아이들이 우는 것만 보면, 화가 치밀어서 자신도 어떻게 해야 할지 모르겠다고 하였습니다.

어머니의 어린 시절에 부모님과 관련되어 어떤 상처가 있었는지 물어봤습니다. 어머니의 부모님께서는 오랜 기간 동안 부부폭력이 있었고, 부부폭력이 있을 때마다 여동생과 자기는 이불을 뒤집어쓰고 아무 소리도 내지 못하고 숨을 죽이며 무섭고 두려운 시간을 보냈다고 합니다. 울고 싶었지만 자기가 울면 상황이 더 안 좋게 될 것 같아서 울지도 못하고 참았다고 합니다.

어렸을 때, 자신은 맘껏 울지도 못했는데, 자신의 딸들이 우는 모습을 보니 화가 난다고 했습니다. 어린 시절의 상처가 그렇게 작용을 한 것이라 생각합니다.

어느 젊은 엄마 한 분은 남편 문제로 상담을 하게 되었는데, 성실하고 책임감 있고 좋은 남편인데, 마트에 가면 항상 어린 아들과 장난감 때문에 실랑이를 하다 큰소리로 화를 내고 아들을 야단친다는 것이었습니다.

남편은 아들을 혼내고, 아들은 울고, 마트에 갈 때마다 그런 상황이 벌어지니 너무 힘들다고 상담을 의뢰한 것이었습니다.

마트에 가면 아이가 좋아할 만한 장남감이 많이 있고, 아이는 장난감을 사 달라고 조르고, 남편은 사 주지 않겠다고 하고, 결국 남편은 자기 말을 안 듣는다고 아이를 혼내고 야단치고 화를 낸다는 것이었습니다.

남편의 어린 시절에 대해 물어봤습니다.

남편의 어머니께서는 남편이 어릴 때, 사별을 하시고 다른 남자와 재혼을 하셔서 자식을 두 명 두셨다고 합니다. 새아버지가 퇴근을 하시면 거실에서 엄마와 동생 두 명이 단란하게 지내는 모습을 보면서 자신은 그 자리에 끼지 못하고 방 안에 혼자 남아 그 모습을 부러운 듯이 쳐다보며 지냈다고 합니다. 동생 두 명은 자신들이 원하는 장난감을 사달라고 조르기도 하고 본인들이 원하는 장난감을 갖기도 했다고 합니다. 그러나 본인은 자신이 갖고 싶은 장남감이 있어도 사 달라고 하지 못했다고 합니다.

어린 시절, 그게 무슨 뜻인지는 잘 몰랐지만, 큰어머니로부터 외할머니, 이모들한테 들은 말이 '아버지를 잡아먹은 놈'이었다고 합니다. 남편의 친아버지께서는 갑작스런 교통사고를 당해 돌아가셨다고 합니다. 친아버지의 죽음이 남편과 관계가 없는 일이었지만, 주변의 어른들로부터 그런 이야기를 들으니 본인 자신이 무언가 대단한 잘못을 저지른 사람이고, 잘못을 한 사람이니 죽은 듯이 지내야 한다고 생각했던 모양입니다.

자신은 갖고 싶은 장남감도 제대로 못 가져 봤고, 자신이 원하는 바를 당당하게 요구한 적도 없었는데, 자신의 아들은 자기가 갖고 싶은 것은 갖고 싶다고 말도 하고, 갖고 싶은 것을 가질 수 있을 뿐만 아니라, 자신의 욕구에 대해 당당하게 말을 하는 모습을 보면서 어린 시절 자신이 받은 상처로 인해 남편의 그런 행동이 있을 수 있겠다는 생각이 들었습니다.

어린아이들은 무조건적인 사랑을 받아야 하고 보살핌을 받아야 합니다. 어린아이들은 혼자서 살아갈 수 없기에 어른의 돌봄이 필요합니다. 그러나 어른, 부모로부터 그런 보살핌, 돌봄, 사랑을 받지 못하고 상처를 받을 때, 어린 시절의 상처가 내면에 쌓여 그 상처가 건드려질 때 화를 내기도 합니다.

다른 것은 다 괜찮은데 어느 한 상황에서만 화를 내게 된다면, 반복되어 똑같은 상황에서 똑같이 화를 내고 있다면, 그 이유가 무엇인지 살

퍼볼 필요가 있습니다. 그 어느 한 부분이 어린 시절의 상처와 연결되어 있을 수 있기 때문입니다.

어린 시절의 상처받은 아이를 '내면아이'라고 합니다. 상처받은 내면아이는 어른이 되어서도 작용을 하여 삶을 힘들게 한다고 합니다.

그런데 상담을 하다 보면, 어린 시절의 상처로 인해 힘들어하시는 분들도 있습니다만, 반대로 누가 들어도 정말 상처라는 생각이 들 정도의 내용을 경험한 어린 시절을 보낸 분들 중에는 의외로 상처라 생각하지 않는 분들도 있습니다.
또는 내가 '상처'라고 기억하고 있는 부분에 대해 부모님께서는 전혀 생각지도 못하고 계시거나 기억을 못하시는 경우도 있습니다.

어느 분의 이야기입니다.
그분께서 중학생 때, 집에 들어갔는데, 이유는 자세히 기억나지 않지만, 엄마에게 엄청나게 맞았다고 합니다. 그분이 알기로는 아버지께서 방 안에 계셨는데, 아들인 자기가 맞고 있는데도 아버지께서는 나와 보지도 않으셨고, 엄마를 말리지도 않으셨답니다. 엄마를 말려서 자신이 안 맞게 해 주시거나 덜 맞게 해 주시지 어쩜 그렇게 모른 척을 할 수가 있나 하는 생각에 그때부터 아버지를 미워하게 되었다고 합니다.
아버지가 밉고, 싫고 하니까 그 다음부터는 되도록 아버지와 말도 하지 않았고, 얼굴도 마주치지 않으려 했고, 대학도 먼 곳으로 지망해서 다녔다고 합니다.

아버지에 대한 미움으로 아버지를 대하는 것이 너무나도 힘들었던 때, 나이 많은 남자 어른들과의 관계가 어려웠을 때, 그분은 '내면아이'에 대한 것을 알게 되었고, 아버지에게 그 당시에 자신에게 왜 그랬는지 물어보고 아버지에게 사과를 받으려고 아버지를 찾아갔답니다. 아버지께 그 당시에 대해 말씀을 드리니 아버지께서는 전혀 기억을 못하고 계셨다고 합니다. 그분에게는 상처가 되어 긴 세월을 괴롭혀 온 내용에 대해 아버지께서 기억을 못하고 계신다는 것 자체가 그분에게는 충격이었다고 합니다.

간신히 기억을 하신 아버지께서는 본인은 그날 몸이 아파서 안방에서 잔 것 같다고 하시며, 본인이 자고 있었기 때문에 아무 소리도 듣지 못했노라고 그런 일이 있었냐고 하시더랍니다.

'이게 뭐지? 아버지는 전혀 알지도 못하는 것 때문에 나는 긴 세월 동안 아버지를 미워했나? 아버지께서는 내게 일부러 상처를 주려고 하지도 않았을 뿐더러 모르고 계셨다?'

그분께서는 허탈한 마음이 들었답니다.

어린 시절 상처로 인해 부모님께 본인이 상처받은 내용에 대해 이야기를 한 적이 있는 내담자들의 이야기를 들어 보면, 본인들은 정말 어렵게 이야기를 꺼냈는데, 그분들의 부모님들의 반응은 거의 비슷했습니다.

'어? 그런 일이 있었니?'

'기억이 안 나는데, 그게 뭐 어쨌다는 건데?'

'그때, 난 최선을 다했다.'

'그땐 그럴 수밖에 없었다.' 등등의 말씀을 하시더랍니다.

내담자들이 듣고 싶었던 말은,

'그랬구나! 그래서 상처가 돼서 너를 힘들게 했구나! 미안하다!' 등의 사과의 말인데, 그럼, 상처받은 내담자들의 마음이 눈 녹듯이 해결이 될 텐데, 대부분의 부모님들께서는 내담자들이 원하는 말을 해 주지는 않으시더라는 거지요.

'상처'의 내용에 대한 기억이 본인과 부모님이 다른 경우를 보면서 내담자들이 느끼는 것은 '허탈감'이었습니다. 긴 시간동안 '상처'를 끌어안으면서, 본인이 부모님께 말을 하는 것조차 부담스러워하며 힘겹게 생활을 해왔는데, '이건 뭐지, 내가 그동안 뭐 했던 거야?'라는 어이없는 느낌을 경험하기도 합니다.

그래서 오히려 더 상처를 받기도 하지만, 그래도 그 이야기를 부모님께 했다는 것만으로도 본인의 마음이 홀가분해졌다고도 합니다.

어느 부모님이건 일부러 자기 자녀에게 상처받으라고 행동을 하지는 않는다고 생각합니다. 부모 본인이 '사랑'이라고 생각하는 내용으로 자녀들을 키웁니다. 자녀가 원하는 '사랑'의 내용에 대해 잘 모르기도 합니다. 보통의 부모님들께서는 자녀를 위해 최선을 다해 키우려고 하십니다. 물론 아동학대로 자녀에게 깊은 상처를 주면서 살아가는 분들도 있긴 합니다. 그분들의 경우, 본인의 행동이 자녀에게 상처를 주는 건지 인지하지 못하기도 합니다. 본인이 학대를 당하면서 자란 경우도 있고, 본인이 그렇게 성장을 했기 때문에 자녀들을 양육하는 방법에 대해 잘 모르고 본인이 자라온 대로 자신의 아이를 양육하는 경우가 대부분입니다.

내가 화를 내는 것이 혹시 어린 시절에 어떤 경험으로 비롯되어진 것은 아닌지, 어떤 상처 때문에 그러는 것은 아닌지 한번 살펴볼 필요가 있습니다.
내가 다른 것은 다 괜찮은데, '이런 상황에서는 정말 화가 나, 참을 수 없을 만큼 화가 나'라는 상황이 있다면, 내가 무엇 때문에 화가 나는지를 알아야 '화'를 내 맘대로 조절할 수 있을 테니까요.

그런데, 이렇게 말하고도 싶습니다.
어린 시절 상처를 받았다고 합시다.
그런데, 그게 뭐? 어떤데요?

부모님께서 일부러 그렇게 하신 것은 아닐 테고, 이제 나는 성인이 되었습니다. 언제까지 어린 시절 내가 받은 상처로 인해 나의 삶을 스스로 옭아맬 필요가 있을까요? 내가 부모님에 대해 상처를 받은 것이 정말 확실한 기억일까요?

한 박자 쉬고~

왜곡된 기억은 아닐까요?

만들어진 기억으로 인해 내가 힘들게 살고 있지는 않은가요?

한번 생각해 볼 일입니다.

궁금하다면, 필요하다면, 부모님께, 혹은 나에게 상처를 준 그 당사자
에게 물어보는 경험을 하는 것도 도움이 될 것이라 생각합니다.

나를 무시하고 있어!

누군가가 나를 무시한다고 생각을 하면 정말 화가 납니다. '나를 무시한다는 생각, 느낌'이 확실할 때도 있지만 어떤 경우에는 상대방은 전혀 나를 무시하지 않았는데도 내가 잘못 받아들여서 그렇게 생각할 때도 있습니다. 내가 잘못 받아들일 수도 있겠다는 생각을 하게 되면, 화가 안 나거나 덜 나지만, 보통은 자기가 느끼는 감정을 그대로 받아들이고 행동을 선택하게 됩니다.

'저게 나를 무시하네.'
'뭐야? 내가 그렇게 만만해 보이나?'라는 생각을 하게 되면, 상대방이 나를 무시했다고 단정 짓게 되고, 상대방이 나를 정말로 무시했는지 아닌지 사실 여부와 상관없이 상대방은 나를 무시한 사람이 되고, 나는 그에 대응하는 행동을 하게 됩니다.

살면서 사람이 사람을 무시하거나, 무시당하는 경우가 있긴 합니다. 그런데, 저의 경험으로는 일부러, 작정하고, 상대방을 약 오르게 하려고,

화나게 하려고, 그래서 너와 나의 관계를 깨뜨리기 위해 상대방을 무시하는 경우는 그렇게 많지 않다고 봅니다. 물론, 내가 누군가를 어떤 이유에서 무시할 수도 있습니다.

그것은 상대방도 어떤 이유에서든 나를 무시할 수도 있다는 말이겠지요.

하지만, 상대방과 좋은 관계를 계속 유지하고 싶다면, 상대방에게 내가 느끼는 것이 정말 사실인지 아닌지 확인해 볼 필요는 있다고 봅니다. 물론 상황에 따라서는 확인해야 할 이유가 없을 때도 있을 것입니다.

제 경험입니다.

남편과 싸우면서 나는 남편이 항상 나를 무시하고 있다고 느꼈습니다.

싸울 때 보면, 남편이 내게 하는 말과 행동, 눈빛 등등이 '내가 볼 때' 나를 무시하고 있었습니다.

나는 몹시 기분이 나빴고 속으로 생각을 했습니다.

'그래, 또 나를 무시하는군, 어쩜 사람이 저렇게 나를 무시할 수가 있지!'

십 년 이상을 그렇게 생각을 하며 살아왔습니다. 바보처럼.

더 이상은 못 참겠다는 생각이 들어서 어느 날 싸움을 하다가 물었습니다.

"당신은 왜, 항상 나를 무시해?"

그 말을 듣고 남편이 하는 말이 자신은 단 한 번도 나를 무시한 적이 없다고 했습니다. 오히려 어이없어 했습니다. 자기가 아내인 나를 무시해서 뭐가 좋겠냐고, 어떻게 긴 시간 동안 남편에 대해 그렇게 생각을 하고 있었냐고 오히려 반문을 하였습니다. 정말이냐고 물었고 정말로 그렇다는 대답을 들었습니다. 남편에게 나를 무시하는지 물어봤고, 남편은 아니라 하니 그 말을 믿기로 했습니다.

그 이후에 '그래, 남편은 정말로 나를 무시하지 않았을지도 몰라. 나의 왜곡된 생각으로, 나를 무시한다고 내가 잘못 생각할 수도 있겠다.'라는 생각을 했고 또 다시 비슷한 패턴으로 싸우는 상황이 되었습니다. 그 상황이 '나를 훈련시킬 수 있는 기회'라고 생각을 하고, 남편과 싸우면서 나는 남편이 나를 무시하고 있다고 생각하지 않으려 했습니다.

의식적으로.

그런데, 놀라운 변화가 있었습니다. 내가 의식적으로 '남편은 나를 무시하지 않아'라는 생각으로 대하니까 정말 남편이 나를 무시한 게 아니었습니다.

내 입장에서 남편에게 '왜 나를 무시하는 거야?'라는 말을 물어보기까지 큰 용기가 필요했습니다. 남편의 대답이 무시하지 않는다고 말할 수도 있지만, '그래, 무시한다.'고 하는 대답을 할 수도 있는 것이고 그렇게 말을 했을 때 뒷감당은 '어떻게 하지'라는 두려운 마음이 있기도 했기 때문입니다. 지금도 거의 비슷한 패턴으로 싸우고 있지만 나는 남편이 나를 무시하고 있다고 생각하지 않습니다.

내가 다른 사람을 무시할 때 많은 에너지가 필요합니다. 굳이 다른 사람에게 에너지를 쏟아야 할 필요가 없기에, 요즈음은 상대방이 나에 대해 실제로 무시를 하든 말든 상관을 안 하게 되었습니다.

'그러거나 말거나!'

이렇게 생각을 하니, 상대방이 나를 무시하든 말든 화가 나지 않습니다. 기분이 잠시 나쁘기는 합니다만. 어쩔 수 없죠!

상대방이 나를 무시하지 않는다면 좋겠지만, 상대방이 그러는 것에 대해 내가 뭐라고 해서 상대방이 달라진다면 좋겠지만, 상대방도 나를 무시하는 것에 대한 이유가 있을 테고, 상대방이 선택한 부분에 대해 굳이 뭐라고 하고 싶지는 않습니다. 그런 에너지가 있다면, 보다 내가 편해질 수 있는 내용에 사용하는 것이 바람직하다고 봅니다.

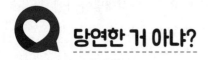

당연한 거 아냐?

혹시 너무나도 화가 나서, 분노해서 뭐라 뭐라 큰소리를 치며 말을 했는데, 나중에 내가 무슨 말을 했는지 기억이 나지 않았던 경험이 있으신가요? 정말로 화가 나면, 분노하면 그런 상황을 경험하게 됩니다.

내가 내 감정을 조절하지 못하게 되면,
고삐 풀린 망아지처럼 감정이 널뛰기도 합니다.
그럼, 그런 상황까지 가게 되는 이유는 뭘까요?

사람마다 '무엇을 해야 한다'거나, '무엇을 하면 안 된다'는 기준들, 규칙들이 있습니다. '항상, 반드시, 당연히' 해야 하고, 하지 말아야 하는 기준들, 규칙들이 있습니다.
그 기준은, 규칙은 나만의 기준, 규칙입니다.
물론, 사회적으로 정해진 규칙들도 있습니다.
사회적으로 약속된 규칙들은 지켜야 합니다.
예를 들면, 신호를 지켜야 되거나, 안전벨트를 매야 하거나 음주운전은 하면 안 되는 등의 교통규칙을 지켜야 하고, 남의 물건을 함부로 만지거나 가져가서는 안 되고, 다른 사람의 인권을 침해하는 행동 등도 하면 안 되는 일이고, 그 외의 범죄 행동을 해서는 안 된다는 사회적으로 약속된 규범, 규칙 등은 지켜야 됩니다만, 그 외, 생활하면서 소소하게 내가 만든 나만의 기준, 규칙들이 지켜지지 않을 때, 나 스스로도 힘든 상황이 벌어지고, 나의 규칙을 상대방에게 강요하여 그 규칙을 상대방이 지키지 않으면 상대방을 비난하고 그로 인해 화를 내기도 합니다.

'약속은 반드시 지켜야 된다.'고 생각하는 사람과 '상황에 따라서 약속을 못 지킬 수도 있지'라고 생각하는 사람은 마찰이 있을 수밖에 없을 것입니다.
'그때그때, 항상 정리정돈을 잘해 놔야지'라는 사람과 '아니 왜 귀찮게 그렇게 살아? 또 다시 더럽혀지고 엉망이 될 텐데, 항상 정리정돈을 하는 것은 괜한 시간 낭비야'라는 사람 사이도 불편할 수밖에 없을 것입니다.

나와 비슷한 규칙을 가진 사람들과는 편하게 잘 지낼 수 있습니다만, 나와 다른 규칙을 갖고 있는 사람들과는 불편한 마음이 들기도 합니다. 나의 규칙에 상대방이 맞추어 주면 좋겠지만, 상대방도 자신만의 규칙이 있습니다. 서로 그런 규칙을 상대방에게 강요하고 상대방이 그것을 안 따라 주면, 상대방을 이해할 수 없다고 비난을 하고 화를 내고, 싸움을 하고, 분개하는 상황까지 가기도 합니다.

저도 한동안 '당연히, 반드시, 항상, ○○하지 않으면 안 된다'고 생각하면서 살았습니다.

저도 많이 힘들었습니다.

주변 사람을 힘들게 했습니다.

자녀들은 **당연히** 부모님 말을 잘 들어야 하고,

부모에게는 **절대** 말대꾸를 하면 안 되고,

아내인 나는 **당연히** 이런저런 일을 해야 하고,

남편은 **당연히** 생활비를 갖다 줘야 하고,

항상 아침 몇 시에는 일어나야 하고,

아침밥은 **반드시** 먹어야 하고,

밥 먹고 나면 **반드시** 이빨을 닦아야 하고,

언제나 정리정돈은 잘 되어 있어야 하고,

다림질이 안 된 옷은 **절대** 입으면 안 되고,

구두에 흙이 묻어 있으면 **절대** 신으면 안 되고,

속옷은 **항상** 삶아서 희게 만들어야 하고 등등.

일일이 열거하기도 벅찰 만큼 '해야 될 것'과 '하지 말아야 할 것'에 대한 나만의 규칙이, 기준이 있었고, 그 규칙이 안 지켜지면 짜증이 났고, 상대방들에게 화를 냈습니다.

자녀들이 부모의 말을 잘 들으면 좋겠지만, 자녀들도 그들만의 생각이 있는데, 그들 생각을 얘기할 줄 알아야 사회생활을 하면서 자신의 생각을, 견해를 이야기하고 자기주장도 할 수 있는 건데, 가정에서 안전하

게 연습해야 할 기회를 부모라는 이름으로 가로막고 절대로 말대꾸를 하면 안 된다고 생각을 하고 아이들이 생각을 이야기하면 '말대꾸'를 한다고 야단을 쳤습니다. 아이들이 당당하게 자신의 삶을 살아 주기를 바라는 마음과는 다른 결과를 가져올 수 있는 내용으로 아이들을 대했던 겁니다.

남편이라면 당연히 생활비를 제 때 내게 줘야 하는데, 당연히 줘야 할 생활비를 주지 않으면 남편을 비난하고 미워했습니다.

남편이라면, 반드시 그래야 하고, 그러지 못하는 건 능력이 없는 거고, 능력이 없으면서 결혼은 왜 한 건지 이해를 할 수 없다고까지 생각을 했었습니다. 생활비를 안 갖다 주면 화가 나서 입이 나왔고 남편에게 툴툴거렸습니다.

지금 생각해 보면, 철도 없었고 막무가내였습니다. 남편 입장에서는 생활비를 안 주고 싶어서 안 주는 것도 아닌데, 그럴 만한 이유가 있어서 그랬을 텐데 생활비를 못 갖다 주는 남편의 마음은 어땠을지 생각조차 못했습니다. 남편이 생활비를 갖다 주면 좋겠지만, 여러 이유로 인해 못 갖다줄 수도 있는 것이고, 내가 돈 벌 생각을 할 수도 있었을 텐데, 그런 생각을 못했습니다.

아침에는 적어도 몇 시에 일어나서 아침밥을 당연히 먹고, 몇 시경에는 집을 나서야 학교에 늦지 않게 되니, 아이들이 내가 생각하고 있는 시간에 일어나지 않으면 아이들을 야단쳤습니다.

아침밥을 안 먹고 가면 배가 많이 고플 것이라는 생각에서, 밥을 먹어야 키도 크니까 그런 생각에서 아침밥은 당연히 먹어야 하고, 학생이라면, 당연히 지각을 해서는 안 되는 것이고, 학교에 지각을 하게 되면 선생님에게 야단을 맞을 테고, 내 아이가 야단을 맞는 것은 정말 싫고 절대 있어서는 안 될 일이고, 혹은 선생님이 부모인 나를 부정적인 시각으로 보게 될까 두려워서 등등의 이유로 아침부터 아이들을 깨우는 것이 전쟁이었던 적도 있었습니다.

사랑하는 아이들에게 아침부터 소리를 지르고 인상을 쓰며 깨우느라 저도 힘들었습니다.

아침밥을 먹게 하느라 저도 힘들었습니다.
지각할까 봐 아침마다 조바심이 났었습니다.
지각해서 아이들이 선생님에게 야단맞을까 봐 걱정됐고,
엄마 노릇 못한다고 비난받을까 봐 두려웠습니다.

엄마 생각에 아침밥을 먹으면 좋겠지만, 아이들마다 아침밥 먹는 것보다 더 자고 싶어 할 수도 있을 것이고, 아침밥을 꼭 '밥'이 아니라 아이들이 좋아하는 것으로 간단히 먹을 수 있도록 해 줄 수도 있을 것이고, 배가 고프면 먹지 말라고 해도 먹을 텐데, 엄마인 내가 좀 기다려 줄 수도 있었을 텐데 그러지를 못했습니다.

학교를 다니다 보면, 한두 번 지각할 수도 있고, 선생님에게 야단을 맞을 수도 있는 거고, 아이들이 야단맞는 거지 내가 야단맞는 것은 아닌데도 불구하고 아이들과 나 자신을 동일시하여 선생님이 아이들을 야단치면 나를 야단치는 것으로 생각하여 선생님에게 야단맞은 아이를 내가 또 야단치고, 아직 일어나지도 않은 일들에 대해 미리 걱정을 하면서 아이들을 닦달하기도 했습니다.

내가 내 규칙, 내 기준을 강요하다 보니, 정작 중요한 것들을 놓치고 있었습니다. 정리정돈이 중요한 게 아니라 아이들과 재밌게 놀아 주는 게 더 중요한 거였고, 내 입장에서 당연히 해야 할 것들을 강요하다 보니 자상한 엄마가 되지 못했고, 내 기준에 미치지 못한다는 이유로 비난받은 아이들은 상처를 받았고, 엄마의 기분 상태를 살피느라 아이들이 힘들었을 겁니다.
아이들이 자라는 건 금방인데, 뭐가 더 중요한지를 모르고 그랬습니다.

세상에 당연히 해야만 하는 것은 없습니다. 항상, 절대적으로 무엇인가를 해야만 하는 것은 없습니다.
내 규칙에 따르라고 강요해야 할 이유도 없습니다. 내 규칙이라는 것이 내가 정한 것일 뿐, 상대방과 의논해서 정한 건 아니니까요. 상대방과 의논해서 결정한 규칙이라고 해도 상황에 따라서는 지키지 못할 수도 있습니다. 상대방이 나의 규칙에 절대적으로 따라야 할 이유도 없습니다. 상대방이 나를 따라 주면, 감사한 일이고, 안 따라 줘도 할 수 없습니다.
그렇게 생각하면, 화날 일이 없습니다.

자녀들이 부모님 말을 잘 들으면 감사한 일이고, 부모님이라고 해서 항상 옳은 말만을, 옳은 행동만을 하는 것은 아니기에 아이들 입장에서는 부모님의 말을 안 들을 수도 있는 거라 생각합니다. 부모님의 말을 안 듣는다는 것은 긍정적으로 보면 그만큼 아이들이 컸단 거고, 말대답을 하는 것은 자기 생각이 있고, 그걸 말할 줄 아는 것이니 또한 감사한 일입니다.

남편이 생활비를 가져다주면 감사한 일이고, 못 갖다주면, 못 갖다주는 사람 맘은 어떨지 생각하면 되는 것이고, 내가 벌 궁리를 하고 벌 수 있으면 벌면 되는 것입니다

식구들이 항상 아침 일찍 일어나서 규칙적인 생활을 하면 감사한 일이고, 아침 일찍 일어나지 못하더라도 하루 종일 잠만 자지는 않으니 감사한 일이고, 아침밥을 먹으면 좋겠지만, 한 끼 굶는다고 큰일이 안 나니 다행인거고, 밥 먹고 나면 반드시 이빨을 닦아야 하지만, 닦지 않더라도 자기 이빨이 아프게 되면 자기가 아픈 거니까 할 수 없습니다. 내가 대신 아파 줄 수도 없습니다.

정리정돈이 언제나 잘 되어 있으면 좋은 일이고, 몸이 따라 주니까 그렇게 할 수 있는 거고, 몸이 지치면, 때로는 정리가 안 된 상태로 생활할 수도 있는 거고, 정리가 안 된 상태에서 오랜만에 정리를 하다 보면 기쁨도 두 배일 테니 감사한 일이고, 다림질이 안 된 옷을 입기 불편하다면, 아예 처음부터 다림질이 필요 없는 옷을 구입하면 되고, 구두에 흙이 묻어 있다는 건, 걸을 수 있다는 걸 의미하는 것이니, 건강하다는 것이니 감사할 일입니다.

속옷은 항상 삶아서 희게 만들어야 하나 그것 때문에 누군가에게 짜증을 내야 할 상황이 벌어질 수 있다면, 삶지 않아도 되는 속옷을 구입하거나, 색깔이 진한 것으로 구입을 하면 됩니다.

당연히 무엇을 하지 않으면 안 된다, 절대 무엇을 하지 않으면 안 된다, 항상 무엇을 해야 한다는 나만의 규칙, 기준 등으로 스스로를 힘들게 하거나 주변 사람들을 힘들게 하는 것, 그것을 그만두면 내가 편해집니다.

내가 편해지면 주변 사람들도 편해집니다.
세상에 당연한 것은 없습니다.
저는 그렇게 생각합니다.

똑같은 상황인데
어떨 때는 화를 내고 어떨 때는 화를 안 내고

많은 사람들이 동일한 상황에서 어떨 때는 화를 내고, 어떨 때는 화를 안 내기도 합니다. 화의 대상이 되는 사람에게는 매우 당황스러운 일이 아닐 수 없습니다. 똑같은 일을 했는데, 동일한 상황인데, 어떨 때는 화를 내고, 어떨 때는 화를 안 내니, 화를 당하는 입장에서는 어떻게 받아들여야 할지 몰라 당황하는 경우가 있습니다.

저의 경우 이런 일이 있었습니다.
세 아이를 키우다 보니 여러 가지 육체적으로 힘든 일이 많았는데, 아이들이 대소변을 가릴 때, 실수를 해서 이불에 오줌을 쌀 때가 있습니다. 이불 빨래를 하는 건 번거로운 일이었습니다. 아이들이 오줌을 싸면 어느 날은 제가 화를 내고, 어느 날은 화를 안 내는 저를 보게 되었습니다.

똑같은 상황인데, 왜 내가 그러는지 생각을 해 보니, 이불 빨래를 '해야 될 때'에 오줌을 싸면 화를 안 냈습니다.

'어차피 이불 빨래를 해야 하는데, 오줌 좀 싸면 어때?'라는 생각이었던 겁니다.

이불 빨래를 한 지 얼마 되지 않았는데, 그 이불에 오줌을 싸면, 화를 냈습니다.

'아니, 이불 빨래한 지 며칠이 지났다고, 또 이불 빨래를 하게 만들어?'라는 말을 하며, 아이들이 엄마를 약 올리기 위해서 일부러 그런다는 생각까지 했습니다.

아이들이 '이불에 오줌을 싸서 엄마를 화내게 해야지'라는 생각을 하고 일부러 오줌을 싸지는 않았을 뿐더러, 생리적인 현상이고, 자라면서 충분히 실수할 수 있는 내용이고, 아이들 입장에서 본다면, 언제 이불 빨래를 했는지도 모를 텐데, 그때는 그런 생각이 들어서 아이들에게 화를 내고 짜증을 냈습니다.

아이들이 엄마를 볼 때, '참 이상하다'고 느꼈을 겁니다.

아이들에게 정말 미안한 일입니다.

아이들이 이불 빨래를 해야 할 때에 이불에 오줌을 싸면 화를 안 내고, 이불 빨래한 지 얼마 되지 않았는데 오줌을 싸면 화를 내고, 지금 생각하면 정말 어이없는 일입니다.

아이들이 자라면서 이불에 오줌을 쌀 수도 있습니다.

이불이 젖으면 빨래를 하면 되는 겁니다.

화를 내거나 짜증을 내야 할 일도 아닙니다.

화를 내고 짜증을 낸다고 해서 이불 빨래를 해야 하는 일이 사라지는 것도 아닙니다.

'오줌을 쌌구나! 빨래를 해야겠네!'라며 빨래를 하면 됩니다.

오늘 바쁘면 내일 하면 됩니다.

부끄러운 이야기지만, 이런 경우도 있었습니다.

우리 아이들이 다닌 정배분교(현재는 정배초등학교)는 아이들 수가 많지 않아서 가족처럼 잘 지냈습니다. 우리 애들이 다른 친구 집에 놀러 가기도 하고, 다른 아이들도 우리 집에 와서 놀기도 그랬습니다. 아이들이 놀러오면 간식을 주는데, 음료를 주게 되면, 아이들이 흘리는 경우가 있습니다. 다른 집 아이들이 음료를 흘리면, '괜찮아?'라며 친절하게 말을 해 주고, 흘린 음료를 닦았습니다.

우리 집 애들이 흘리면, 다른 사람들이 있을 때와 없을 때로 나누어져서 저의 행동이 다르다는 걸 알게 되었습니다. 다른 사람들이 있으면, '괜찮아?'라며 친절하게 말을 하고 웃으면서 음료를 닦고, 다른 사람들이 없으면, 조심성이 없다고, 야단을 치고 짜증을 냈습니다.

'음료를 흘리는 것'은 동일한 상황인데, 누가 흘리느냐에 따라, 누구와 있느냐에 따라 나의 행동이 달라졌습니다. 동일한 실수를 우리 아이들이 할 때와 다른 집 아이들이 할 때, 반응이 달랐습니다. 다른 집 아이들에게는 화를 안 내고 짜증도 안 냈습니다. 친절하게 대했습니다.

정작 우리 아이들에게는 어떻게 하느냐, 내가 사랑하는 내 아이들에게 어떻게 하느냐 하면, 오히려 존중해 주지 않고 화를 내고 짜증을 냈습니다.

동일한 상황에서 어떨 때는 화를 내고, 어떨 때는 화를 안 내는 내 모습을, 엄마의 모습을 보는 아이들은 참 많이 당황스럽고 어이없었을 겁니다.

어쩌다 만나게 되는 사람들에게는 친절을 베풀고, 정작 나와 인생을 살아가면서 많은 시간을 보내야 할 사람들에게는 정작 그러하지 못하니 미안한 일입니다.

우리 집 아이들이 실수를 하게 되면, 그때는 '이 아이가 남의 집 아이다!'라고 생각하면, 화도 안 내고 짜증도 안 내고 친절하게 대할 수 있습니다. 실제 상담 현장에서 내담자에게 '내 자녀이지만, 남의 집 아이들 대하는 것처럼 대해 보라'는 과제를 주기도 합니다. 효과는 상당히 큽니다.

아이들이 모두 소중한 존재인데, 다른 집 아이에게 안 주는 상처를 굳이 내 아이에게 주어야 할 이유가 있을까 하는 생각이 듭니다.

어쩌다 예외는 있겠지만, 그 누구도 상대방을 일부러 약 올리고 화를 돋우기 위해 행동을 한다고 생각하는 것은 그렇게 나에게 도움이 되지는 않는 것 같습니다.

나는 어떤가요?
동일한 상황인데, 어떨 때는 화를 내고, 어떨 때는 화를 안 내나요?

나보다 힘이 센 사람에게는 화를 안 내고, 나보다 권력이 있는 사람들에게는 화를 안 내고, 혹은 못 내고, 나보다 약한 사람에게는 화를 내고 있지는 않은지요?

분노 조절에 관한 교육이나 상담을 진행하다 보면, 간혹 이렇게 말씀하시는 분들이 있습니다.
분노 조절, 감정 조절을 어떻게 할 수 있느냐고,
저는 이미 우리는 충분히 할 수 있다고 말씀을 드립니다.

가만히 살펴보면, 이미 '나'는 감정 조절, 분노 조절을 잘 하고 있는 사람입니다. 상대방이 누구냐에 따라 화를 내기도 하고 안 내기도 합니다. 내가 화를 내도 괜찮다고 생각하는 상대에게는 화를 냅니다. 보통 그 상대는 나보다 약한 존재인 경우가 많습니다. 나보다 강한 상대에게 화가 났어도 그를 향해 화를 내는 경우는 별로 없습니다. 화가 났어도 보통은 표현하지 않습니다. 이런 단편적인 사실을 보더라도 나는 이미 감정 조절, 분노 조절을 잘 하고 있는 사람입니다.

남편하고 아내하고 싸우고 있는데, 시부모님에게서 며느리에게 전화가 옵니다. 며느리는 시부모님의 전화를 어떻게 받을까요?
남편하고 아내하고 싸우고 있는데, 친정 부모님에게서 사위에게 전화가 옵니다. 사위는 장인, 장모님의 전화를 어떻게 받을까요?

화가 난 상황이지만 일단 목소리를 차분하게 하고 아무 일 없다는 듯이 받지 않나요?

아!, 화가 난 그대로 전화를 받으실 수 있다구요? 그럴 수도 있겠지요.

그럼, 이런 상황은 어떤가요?

부부가 싸우고 있는데, 화가 난 상황인데, 아이들의 선생님에게서 전화가 온다면, 직장 상사에게서 전화가 온다면 어떻게 받을까요?

자기 부모님에게는 화를 낼 수도 있겠지만, 배우자의 부모님에게는 화를 내면서 전화 받기가 어려울 것 같습니다. 혹은 아이들의 선생님, 직장 상사에게서 전화가 온다면 나의 화난 감정 그대로를 표출하면서 전화 받지는 않을 것입니다.

상대가 누구냐에 따라 나는 나의 감정을 조절하면서 대합니다.
이런 걸 보면, 사실, 나는 감정 조절, 분노 조절을 잘 할 수 있는 사람입니다.

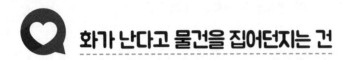

화가 난다고 물건을 집어던지는 건

초등학교 6학년 때의 일입니다.

여름방학식 날이었는데, 성적표를 받고 나는 기분이 매우 좋았습니다. 성적표에는 '우' 하나만 있고 모두 '수'였습니다. 이 기쁜 사실을 부모님께 알리고 싶은 마음에 빨리 집에 가고 싶었으나, 담임선생님께서 교단 밑에 쌓아 둔 시험지 정리를 하고 집에 가라고 하셨습니다. 내가 다닌 초등학교에는 교실 앞쪽에 교단이 있었고, 그 교단 밑에 있는 공간에 여러 가지 물건들을 수납하고 있었습니다.

교단 밑에는 수천 장의 시험지가 있었고, 그것을 같은 시험지 별로 정리를 해 놓아야 했습니다. 친구 한 명이랑 그 작업을 했는데 두 시간이 지나도 정리가 제대로 되지 않았습니다. 어느 정도 해 놓고 교무실로 가서 선생님께 사실대로 말씀을 드렸습니다. 선생님께서는 완벽하게 해 놓고 집에 가라고 하셨습니다. 화가 난 나는 교실로 돌아와서 화를 내며 울면서 정리를 해 둔 시험지를 모두 교실 바닥에 던져 버렸습니다. 실컷 울고 나서, 집어던진 시험지를 다시 정리하는 데 꽤 많은 시간이 흘러서 집에 갔었던 기억이 있습니다. 그때 어린 마음에 '아! 물건을 함부로 집어던지면 안 되겠구나!'라는 걸 깨달았습니다.

그 이후로도 화가 나서 몇 번인가 물건을 던진 적이 있었는데, 화가 나서 무엇인가 던지고 나서 느껴지는 것은 '후회'였습니다. 그리고 스스로에 대해 창피한 마음이 들었습니다.

화가 나서 물건을 집어던지고 싶을 때는 생각을 하게 되었습니다. 물건을 던진 후에 어떤 상황이 일어날 것인가? 깨질 것인가? 정리는 어떻게 해야 하지? 나중에 더 큰 대가를 지불해야 하는 상황이 벌어질 것인가? 등등.

물건을 집어던지는 건 아무리 화가 나도 선택하지 않습니다.
나중에 수습하기가 더 번거로우므로.

물건을 집어던져서 순간의 화가 풀렸다고 생각할 수 있겠지만, 잠시일 뿐, 근본적인 화를 해결해 주지는 않습니다.

내가 화가 나서 무언가를 집어던질 때, 그 행동을 보고 있는 누군가는 긴장하고, 당황하고, 두려워하고, 놀라기도 하고 무서워할 수 있습니다.
그것은 '폭력'입니다. 상대방에 대한 폭력입니다.
아무리 화가 났다고 해도 '폭력'을 사용해서는 안 됩니다.
상대방을 신체적으로 때려야만 폭력이 아니고, 말로도, 위협적인 행동도 폭력이 될 수 있습니다.

아무리 화가 났다고 해도 물건을 집어던지는 것은 삼가야 할 행동입니다.

"분노의 결과가 그 원인보다 더 심각하다"

― 그리스 속담

한 박자
쉬고~

숨을 입으로 크게 들이쉬고, 잠시 숨을 멈춘 후에 '휴~'(복식호흡) 하고 내뱉는 것이 '한 박자 쉬고~'입니다.

한 박자 쉬면서, 호흡을 하면서 자신의 감정을 살펴보는 것입니다. '한 박자 쉬고~' 진정이 안 되면, '두 박자 쉬고~ 세 박자 쉬고~ 네 박자 쉬고~' 호흡을 하면서 내가 화난 것을 인정해 주고, 내가 화난 이유를 알고, 화가 난 상황을 내가 어떻게 보고 있는지 살펴보고, 화를 표현하는 것이 내게 어떤 도움이 되는지 생각해 보고, 화를 표현할 것인지, 말 것인지, 보류할 것인지 선택하고, 선택한 것을 행동으로 옮기는 것입니다.

한 박자 쉬고~

'한 박자 쉬고~'라는 말은 남편이 제게 해 준 말입니다.
"미정아, 제발 무슨 말을 할 때, 곧바로 말하지 말고 생각 좀 하고 말해.
'한 박자 쉬고~' 말을 해 봐, 응?"

한동안 지속적으로, 습관적으로 화를 내면서 생활할 때가 있었습니다.
아침부터 이런저런 상황들 때문에 짜증이 났고, 아이들의 행동이 맘에
들지 않아 화를 냈고, 하도 인상을 써서 이마에 세로 주름 두 개가 생길
정도였습니다.
한 번 생긴 주름은 없어지지 않더군요.
아직까지도 저는 그 주름을 갖고 있습니다.

저는 '짜장 먹을래? 짬뽕 먹을래?' 하고 누군가 질문을 하면, 질문이 끝
남과 동시에 대답을 하는 성격이었습니다. 제가 그러다 보니 상대방이
우물쭈물거리는 걸 답답하게 생각했고, 화가 났습니다. 상대방 때문에,
상대방의 느린 행동 때문에 화가 났습니다.

그렇게 급한 성격이다 보니, 화를 안 내도 되는 소소한 일에 대해서도 습관처럼 화를 냈고, 다른 사람과의 대화 속에서도 화나는 상황이 되면, 큰 소리로 떠들면서 화를 냈습니다.

혹시, 큰 소리로 화를 내면서 말을 하긴 했는데, 나중에 생각해 보면, 내가 뭐라고 했는지 기억이 나지 않는 상황을 경험하신 적이 있으신가요?

부끄러운 고백이지만 저는 그 상황까지도 가 보았습니다. 분명히 화를 내면서 말을 했는데, 제 스스로 무슨 말을 했는지 기억이 안 났습니다. 화를 낸 건 맞는데, 무슨 말을 했는지 기억이 안 나니, 화를 내면서도 상대방에게 뭐라 할 말이 없었습니다. 스스로도 많이 답답했습니다. 답답한 내 모습을 보면서 더욱더 화가 났습니다. 그런 상태에서 다른 사람들에게 화를 냈고, 그 다른 사람들이 남편에게 제 이야기를 안 좋게 말하는 상황이 벌어졌고, 그런 일이 서너 번 반복이 되었습니다.

남편 입장에서 굉장히 화가 날 일이었을 겁니다. 그러다 보니 남편이 제게 한 말이었습니다.
'한 박자 쉬고, 생각하면서 말을 하라'구요.
제 스스로도 부끄럽고 창피했기 때문에 고치고 싶어서, 핸드폰 첫 화면에 '한 박자 쉬고~!' 글을 써 놓고 항상 보려고 했고, 실천하려 했습니다.
한 일 년을 그렇게 했는데, 쉽지가 않았습니다.
이미 화내는 것이 습관처럼 굳어졌는데, 달라지는 것이 쉽지 않았습니다. 화가 나는 상황에서 감정에 휩싸이지 않고 냉정하게 이성적으로 생각하고 말하고 행동한다는 것이 쉽지 않았습니다. 그래서 핸드폰의 글귀를 '한 박자 쉬고~'에서 '두 박자 쉬고~'라고 바꾸었습니다.

'한 박자 쉬고~'
'두 박자 쉬고~'
처음에 한 박자 쉬고, 두 박자 쉬고를 연습한 이유는 생각할 시간을 갖기 위해서였습니다.

내 감정을 들여다 볼 시간,
내 신체 변화, 감정 변화를 들여다 볼 시간,
내가 화를 어떻게 표현하고 있는지,
그 화를 표현을 했을 때 어떤 결과가,
어떤 상황이 벌어지는지에 대한 것을
들여다보기 위해서였습니다.

내 감정을 의식한다는 것이 중요합니다. 의식을 하려니 내가 언제 화를 내는지, 어떤 경우에 화가 나는지에 대해 알아야 했습니다. 그리고 화가 나면, 어떤 전조 증상이 있는지, 어떤 신체 변화가 있는지, 내가 화를 어떻게 표현하고 있는지에 대해 알아야 했습니다. 화를 내고 나서 어떤 결과가 오는지는 이미 경험을 통해서 잘 알고 있었습니다.

내가 화내는 패턴을 알기 위해서는
화내는 것을 두려워 말고,

누구라도 화낼 수 있고, 화내도 되니까,

화가 나면, '아싸! 화났다!' 기뻐하며 긍정적으로 생각을 해야 합니다.

'아~ 내가 이럴 때, 이렇게 화를 내는구나!

어떤 신체적인 변화가 오고, 감정이 어떻게 움직이며, 내가 어떻게 반응을 하는구나!'를 알 수 있는 정말 좋은 기회입니다.

저의 경우, 스스로를 살펴본 결과, 몇 가지 패턴이 있음을 알게 되었습니다. 몇 가지 패턴에 대해 아는 것도 많은 시간이 필요했습니다.

상대방이 느리게 행동을 하면 그것이 답답해서 화가 났습니다.

내가 원하는 답을, 행동을 상대방이 안 해 주면 화가 났습니다.

남편이 나와 의논 없이 어떤 일을 결정하면,

안 해도 되는 일을 하게 되면,

정리정돈이 안 되어 있으면,

갑작스럽게 어떤 일이 끼어들면,

한꺼번에 두세 가지 일들이 몰려오면 머리에 지진이 났습니다.

어떤 일에 대해 상대방이 미리 얘기를 안 해 주면 화가 났습니다.

화를 내는 이유는, 공통적인 점은, 내 계획대로 안 되면, 내 맘대로 안 되면 화가 났습니다. 내 맘대로 되어야 할 아무 이유가 없음에도 불구하고 그때는 그것을 몰랐으니 화가 났던 겁니다. 화가 나면, 가슴이 '두근두근' 심장소리가 들리고, 목소리가 높아지며, 몸에 열이 올라 후끈한 느낌이 들었습니다.

화가 나긴 하는데 흥분이 되어서, 뭐라고 말을 해야 할지 모르는 상태가 되었습니다. 그러다보니 스스로가 무슨 말을 하는지도 모르는 채 큰 소리로 떠들어 댔던 겁니다.

화가 나면, 또박또박 똑똑하게, 냉정하게, 이성적으로 내 말을 전해야 상대방이 알아들을 텐데, 소리를 지르며 화를 내니, 하고 싶은 말도 못 하게 되고, 하고 싶은 말을 제대로 못 하니 억울해서 울어 버리는 결과를 가져왔습니다.

반복해서 벌어지는 일이었습니다.

이렇게 화를 내는 것은 내게 불리한 것이죠.

내게 도움이 되지 않는 표현 방법이었습니다.

다른 방법이 필요하다고 생각을 했습니다.

무엇 때문에 화가 나는지 알게 되었고,

화날 때의 전조증상도 알게 되었고,

화를 잘 내는 방법만 찾으면 됐습니다.

그런데, 화가 나기 시작하고,

그 패턴으로 들어가기 시작하면,

정말 어쩌지 못하는 상황이 되어 버리고,

결국은 똑같이 소리 지르고 억울해서 울고,

그렇게 끝이 났습니다.

그렇게 계속 반복되고, 또 반복되었습니다.

진짜 짜증이 났습니다.

아니, '내 맘 하나를 내 맘대로 못 한다는 게' 정말 화가 났습니다.
어디서 잘못된 걸까?

어디서부터 어떻게 접근을 해야 할지 막막했습니다. 분노 조절에 관한
책들을 읽으며, 생각도 많이 했습니다.

그러다, 어느 날 문득, 화가 나는 첫 순간에 대해 살펴봐야겠다는 생각
이 들었습니다.

처음부터 화가 안 나는 상황이 되면,
'화낼 일이 없겠구나!'라는 생각을 한 것이지요.
그래서 생각을 달리 해 보기로 했습니다.
나 편하자고 그렇게 생각하기로 한 겁니다.
하도 습관처럼 화를 내는 나에게 스스로 짜증이 났으니까요.

상대방이 느리게 행동을 하면 그것이 답답해서 화가 났는데, 상대방이
일부러 나 화나라고 하는 행동도 아니고, 본래 태어나기를 느긋한 걸,
신중한 사람이니 행동이 느릴 수도 있는 것이고, 내가 잠시 기다려 주
면 되는데, 기껏해야 넉넉잡아 5분, 10분 정도만 기다려 주면 되는데,
일단, 그 정도는 기다려 주기로 했습니다.

처음에는 잘 안 됐지만, 조급한 마음을 버리고 한 박자 쉬면서 기다리
다 보니 가능해졌습니다.

상대방이 좀 늦는다고 해서 화낼 일이 아니더군요.

그냥 받아들이면 되는 거였습니다. 있는 그대로 받아들이는 거죠. 내가 원하는 답을, 행동을 상대방이 안 해 주면 화가 났는데, '아니, 상대방이 내가 원하는 대로 행동을 해 주어야 할 이유가 있는 걸까?' 생각해 보니, 어느 법에도 명시되어 있지 않더군요. 상대방이 내가 원하는 대로 해 주어야 할 이유가 없다는 것을 알게 되었습니다.

반대로 생각해 보니, '나도 상대방이 원하는 대로 해 주지 않았음'을 알게 되었습니다. 나도 상대방이 원하는 대로 못 해 주면서, 혹은 안 해 주면서 상대방에게 그런 걸 원한다는 것은 말이 안 되는 생각이었습니다. 상대방이 해 주면 감사한 일이고, 안 해 주면, 혹은 못 해 주면 할 수 없는 일이구요. 그렇게 생각하니 굳이 상대방을 비난하고 화내야 할 일이 없어졌습니다.

남편이 나와 의논 없이 어떤 일을 결정하면 화가 났는데, 그 결정이 긍정적인 결과를 가져오면 같이 기뻐하면 되는 것이고, 결과가 안 좋으면, 그렇게 결정한 남편이 책임지면 되는 것이고, 남편 나름대로 '아내 부담을 덜어 주고자, 아내를 생각해서 그러는 건가보다'라고 생각하니, 그게 사실이든 아니든 간에, 오히려 나에게 의논을 안 해 주는 게 신경도 덜 쓰이고 감사하게 생각이 됐습니다.

또, 안 해도 되는 일을 해야만 되는 상황이 벌어지면 정말 화가 났는데, 이런 상황이 다행히도 매일 일어나지는 않았습니다.

살면서 보니 꼭 하고 싶은 일만 하게 되지는 않습니다. 싫지만, 하지 않으면 안 되는 일들이 있고, 정말로 싫으면, 죽을 만큼 싫으면, 안 하면 되는 거고, 못한다고 하고(내가 못한다고 해서, 안 한다고 해서 뭐 특별한 '난리'가 나는 것도 아닙니다.) 그냥, 그럴 때는 짜증을 좀 내고, 어쩔 수 없이 하기도 하고, 짜증을 낼 기운이 없으면, 아예 무감각한 상태로 기계적으로 일을 하는 것으로 결론을 내렸습니다.

저는 정리정돈에 목숨을 건 사람처럼 행동을 했습니다. 정리정돈이 안 되면 화가 났습니다. 정리정돈 좋아하는 내가 그냥 하면 되는데, 남편이나, 아이들에게 정리정돈을 잘 하라고 강요하고, 내 말을 듣지 않으면, 남편이나 아이들에게 화를 냈습니다. 정리정돈에 별로 관심이 없는 아이들은 평온한 가운데 있다가 느닷없이, 예고도 없이 엄마가 화내는 것을 봐야 했습니다. 정리정돈이 뭐가 그렇게 중요하다고, 결국 아이들이 상처받고 저랑 멀어지게 되는 상황이 되었습니다.

내가 사랑하는 사람과의 관계를 나쁘게 하는 것은 옳지 않다고 생각하고, 다른 사람에게 뭐라 하지 말고, 그냥 내가 정리하고 싶을 때 조용히 하기로 했습니다. 정리정돈이 안 된 것을 보는 것이 불편한 사람은 식구 중에 '나'뿐입니다. 각자 나름대로 정리 방법이 있고, 그 정리 방법이 나와 좀 다를 수도 있습니다.

또한, 갑작스럽게 어떤 일이 끼어들면, 생기게 되면 화가 났는데, 뜻하지 않은 일들이 생기는 것을 '재미'로 생각하기로 했습니다. 계획된 일들만 있다면 심심하니까, 가끔씩 '이벤트'처럼 갑작스럽게 생기는 일들을 즐기기로 마음을 먹었습니다. 그렇게 마음을 먹으니, 갑작스럽게 생기는 일들이 싫지 않았고, 나름대로 삶의 활력소가 되기도 했습니다. 화날 일이 없는 거죠.

또 저를 화나게 했던, 한꺼번에 두세 가지 일들이 몰려오면 머리에 지진이 나고, 머리 아프고, 답답했는데, 일단 일이 한꺼번에 몰려오면, '한 박자 쉬고~', 호흡을 크게 한 번 하고, 메모지와 볼펜을 들고, 처리해야 할 일에 대해 메모를 합니다. 언제까지 해야 하는지, 얼마큼 중요한지에 따라 우선순위를 정합니다. 그리고 그 우선순위에 따라 처리를 합니다.
한 가지 일이 끝날 때마다 동그라미를 치고, 또 한 가지 일이 끝나면 동그라미를 치고, 해야 할 일을 다 하고 나서 동그라미를 친 것을 보니, 성취감과 뿌듯함을 느낄 수 있었습니다.
화날 일도, 화낼 일도 아니었습니다.

사실 우리가 살아가면서 화를 낼만한 일들이 그렇게 많지는 않습니다. 24시간, 깨어 있는 순간 내내, 하루 종일 화가 나지는 않습니다. 다행히도. 몇 가지가 나를 괴롭히는 것이지요. 아니 바로 말하자면, 스스로 화를 내는 것을 선택해서 스스로를 괴롭히는 것이겠지요.

숨을 입으로 크게 들이쉬고, 잠시 숨을 멈춘 후에 '휴~' 하고 내뱉는 것이 '한 박자 쉬고~'입니다. 한 박자 쉬면서, 호흡을 하면서 자신의 감정을 살펴보는 것입니다.

숨을 들이쉴 때는 우주의 긍정적이고 좋은 기운이 내 몸으로 들어온다고 생각하고, 아랫배가 볼록해지도록 합니다. 그 상태에서 그 좋은 기운이 나의 몸 전체를 맑게 깨끗하게 해 준다는 느낌으로 숨을 멈추었다가(5초에서 10초 정도), 숨을 내쉴 때는 내 몸 안의 안 좋은 기운을 밖으로 내뱉는다고 생각하면서 '휴~' 깊게 내뱉습니다. 흔히 알고 있는 '복식호흡'입니다. 평상시 편한 상태에서 때때로 연습을 해 두는 것도 큰 도움이 됩니다.

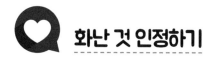# 화난 것 인정하기

'사람은 누구나 사랑받고 인정받고 싶어 한다.'고 합니다. 사람마다 정도의 차이는 있겠지만, 사람은 인정받고 싶어 합니다. 가족치료 공부를 하면서 수없이 들었던 말입니다.

'정말 그럴까?' 하는 생각이 들었습니다.

전문가들이 하는 이야기하는 것이니까 맞는 말이겠지요. 다만, 제가 궁금한 것은 누가 누구에게 인정을 받고, 누가 누구에게 인정을 해 주는 것이 가장 효과적이겠는가 하는 것이었습니다.

'인정을 꼭 남에게 받아야 하나? 남들에게 인정을 받는다는 게 무슨 의미가 있지? 남들에게 인정을 받아도 내가 나를 인정하지 않으면 그게 무슨 의미가 있지?' 등등 '인정받고 싶어 한다'는 욕구에 대한 여러 가지 생각이 들었습니다.

저는 2000년도부터 성교육 및 성폭력예방교육 강의를 했습니다. 아들 둘을 낳고 딸아이를 낳았는데, 딸아이를 낳았을 무렵 성폭력 사건과 인신매매범죄가 많이 벌어졌습니다. 성폭력 범죄가 예전부터 없었던 것은 아닐 텐데, 그 당시에 언론에 많이 노출이 되었습니다. 딸아이가 안전하게 자라야 할 텐데 엄마로서 무슨 일이라도 딸을 위해 해야겠다고 생각을 했고, 우연한 기회에 성교육, 성폭력 예방교육 전문 강사과정을 접하게 되어 강사로서 여러 학교를 다니며 학생들을 대상으로 강의를 시작하였습니다.

처음에 강의를 할 때는 한 시간짜리 원고를 만들어서 달달 외워서 했습니다. 학생들의 반응에는 신경 쓸 여유도 없었고, 아이들이 떠들든지 말든지, 저는 제가 외운 강의안을 잊어버리지 않고 다 기억해서 강의를 끝내면 그것으로 만족을 했습니다. 그러다 어느 정도 시간이 지나니까 점점 여유를 갖고 강의를 하게 되고, 대상이 학생에서 부모로 교사로 점점 넓혀지게 되었습니다. 어린 마음에 강의를 끝내고 나면, 목소리가 좋다, 강의를 잘한다. 등등의 칭찬을 듣고 싶었습니다. 인정을 받고 싶었습니다. 잘한다는 칭찬을 들으면 참 기쁘고 살맛이 났습니다. 강의를 끝내고 나면, 강의를 들은 사람들에게 칭찬을 기대했습니다.
"잘 하시네요, 목소리가 참 좋네요!"라는 칭찬을 들으면 기분이 좋아졌습니다.
다른 사람들의 인정, 칭찬이 참 좋았습니다.

그러다 시간이 지나면서, 다른 사람들의 칭찬이 그렇게 만족스럽지 않게 되었습니다. 저 보고 잘했다고 하는데, 그 칭찬이 진심으로 느껴지지도 않았고, 기쁘지도 않았습니다.

보통 강사들은 강의가 잘 진행되었는지 아닌지를 본인 스스로가 잘 압니다. 강사의 진실되고 겸손한 마음과 청중들의 분위기, 강의가 잘 진행될 수 있는 환경 등이 잘 맞아떨어질 때, 강의가 술술 풀릴 때가 있습니다. 저의 경우, 그럴 때가 강의가 잘 된 때입니다.

제 스스로 강의가 맘에 드는 것은 그렇게 많지가 않았습니다. 어떤 부분을 잘못했는지, 어떤 부분이 부족했는지 스스로가 제일 잘 압니다. 그러다보니 다른 사람들의 인정, 칭찬이 감사하기는 하지만, 제 스스로의 만족감이 없으면, 제 스스로 인정이 안 되면 남의 인정, 칭찬은 그렇게 힘이 되지 못하는 것을 경험하였습니다.

또한 내가 스스로 잘했다고 생각할 때, 다른 사람들이 그걸 알아서 칭찬해 주거나 알아주지도 않는 상황들을 경험하기도 했습니다. 그런 상황을 경험하게 되었을 때, 처음에는 섭섭하기도 했습니다. '누가 칭찬 안 해 주나?'하는 기대하는 마음이 있었는데, 누구도 칭찬을 안 해 주니 많이 서운했습니다. 그러나 다른 사람들이 나에게 칭찬을 해 주어야 하는 법도 없거니와 칭찬해 주면 감사한 일이고, 안 해 줘도 할 수 없는 일이라고 생각을 하게 되었습니다.

다른 사람들이 나를 꼭 칭찬해 주고 인정해 줘야 할 필요는 없습니다. 다른 사람에게 인정을 받으려면, 다른 사람들에게 잘 보여야 하고, 다른 사람들이 좋아할 수 있는 행동을 해야 하고, 있는 그대로의 모습보다 뭔가 내가 아닌 모습으로 행동해야 하는 경우를 봅니다. 그렇게 노력했는데도 인정을 못 받게 되면, 마음이 허전해지고 어떤 모습이 나인지 진정한 나를 잃어버리는 것 같습니다.

내 인생인데, 남들에게 인정받으려고 합니다. 남들은 내가 원하는 만큼 인정해 주지도 않을 뿐더러 지속적이지도 않습니다. 내가 바라는 인정을 받지 못하게 될 때, 배신감을 느낄 수도 있습니다.
그런데, 남은 나를 배신할지 몰라도 내가 나를 배신하지는 않는다고 생각합니다. 내가 나를 가장 잘 변함없이 믿어 줄 수 있다는 것입니다. 그러니 내가 나를 인정해 주는 것이 우선이라고 생각합니다. 다른 사람들에게, 다른 사람에게 인정받고 사랑받아야 한다고 생각하는 것을 내가 나를 인정해 주고 내가 나를 사랑해 주면 어떨까 하는 생각을 했습니다.

다른 사람들이 아무리 나를 인정해 주고 칭찬해 준다고 해도 내가 나자신을 인정하지 못하고 사랑해 주지 않는다면 그것은 별 의미가 없다는 생각이 들었습니다. 그래서 강의뿐만이 아니라 스스로의 행동에 잘했다고 생각하는 부분에 대해서는 제가 저를 칭찬합니다.
'미정아, 잘했어. 수고했어.'
맘에 들지 않는 부분에 대해서도 말해 줍니다.
'미정아, 괜찮아, 그럴 수도 있지. 하는 데까지 한 거야. 결과야 할 수 없지. 네가 어떻게 할 수 없는 일에 마음 쓰지 말자. 다음에 잘 하면 되지, 뭐.' 등등

남들이 인정을 해 주면 좋지만, 안 해 줘도 괜찮습니다.
나는 남들을 그렇게 인정해 주나요?
내가 나를 인정해 주고 사랑해 주면 됩니다.

화가 나는 감정에 있어서도 마찬가지입니다.
내가 화난 것을 남이 알아주면 좋겠지만, 내가 다른 사람의 화난 감정에 관심이 별로 없듯이 남들도 내가 화가 난 것에 대해 그리 관심은 없는 듯합니다.

화를 낼 수 있습니다.
누구라도, 어떤 상황에서도 화를 낼 수 있습니다.

내가 화가 났을 때, 화난 나의 모습을 보고 누군가가 '그까짓 것 때문에 화를 내?', '별것도 아닌 것 가지고, 그게 화날 일이야?'라는 말을 하게 되면, 나는 화가 더 납니다. 화날 만하니까 화가 난 것인데, 나의 감정을 무시하듯이 '그까짓 것'으로 매도를 하면 화가 더 납니다.

상대방 입장에서는 '별 것' 아니라고 해도 내게는 '별 것'이기 때문에 화가 난 것입니다.

내가 화가 났을 때, 상대방에게 바라는 것은, 내가 화가 난 것을 알아주었으면 좋겠다는 것입니다. 하지만, 수십 년 동안 화를 내는 것을 경험해 본 결과, 다른 사람들이 내가 화난 것에 대해 보통은 내가 원하는 반응을 해 주지는 않았습니다.

물론, 다른 사람들이 내게 내가 원하는 반응을 해 주어야 할 필요는 없습니다.

물론, 나도 다른 사람들이 화를 낼 때, 상대방이 원하는 대로 반응을 해 준 적도 거의 없었습니다.

다른 사람들이 화를 내는 경우, 내가 생각할 때, '그까짓 것'이라고 생각할 수도 있겠지만, 상대방은 화날 만한 상황이니까, 나름대로 '이유'가 있으니까 화를 내는 것입니다. 내가 화내는 것에 이유가 있듯이. 그 누구라도 화낼 만한 이유가 있어서 화를 내는 것입니다. 내가 화가 났을 때, 상대방이 내가 화난 것에 대해 알아주면 좋겠다고 생각하듯이 상대방도 그런 마음일 것입니다.

그래서
상대방이 화가 났다면,
"화난 것 같네요."
"마음이 불편한가 봐요."
"화나는 일이 있어요?" 등 상대방의 화난 감정에 공감할 수 있는 말을 해 주면 어떨까 합니다.

다른 사람이 화가 났을 때,

나는 상대방에게 화난 것에 대해 인정을 해 주자는 것입니다.

다른 사람에게 나는 그렇게 해 주는데,

내가 화가 났을 때,

다른 사람이 내게 그렇게 해 주면 좋겠지만,

보통은 그런 반응을 기대하기 어려우니,

내가 화난 것을 내가 인정해 주자는 것입니다.

'그래, 내가 화가 났구나! 화날 만하니까 난 거야.'

제 경험으로는

내가 나를 인정해 줘도

인정받는 느낌이 든다는 것입니다.

내가 나를 인정해 주는 것이 필요합니다.

내가 스스로를 자책하면서,

'별것도 아닌 것 가지고 화를 내냐?'

'난 이것밖에 안 되나?'

'또 화를 내다니, 난 어쩔 수가 없어.' 등의 생각은 내게 아무 도움이 되지 않습니다.

오히려 자신을 자책하면 죄책감과 괴로운 마음이 생길 뿐입니다.

내가 화날 만하니까 화가 난 것입니다.

내 감정을 있는 그대로 받아들인다고 해도 아무 일이 일어나지 않습니다. 오히려 나의 화난 감정을 감추려고 할 때 더 많은 문제가 발생할 수도 있습니다. 회피하는 것은 아무 도움이 되지 않습니다.

예전에 저는, 내 아이들이 화를 낸다는 사실 자체에 대해 엄마로서 인정할 수도 없었고, 용납할 수도 없었고, 화가 엄청 났었습니다.
'감히, 부모에게, 부모 앞에서 화를 내?'라는 생각이 들었습니다.
어렸을 때부터 저는 부모에게 화를 내면 안 된다고 배워 왔고, 어른 앞에서는 화를 내는 것은 고사하고 말대꾸도 하면 안 된다고 배워 왔기 때문에, 부모님에게나 어른들에게 화를 낸다는 것은 생각하지도 못했고, 부모님이나 다른 어른들에게도 화를 낸 적이 거의 없었습니다. 어른이 내게 부당한 행동을 한다고 해도 그냥 참았습니다. 그러는 것이 어른에 대한 도리라고 생각을 했습니다.

제가 그렇게 살다 보니 아이들이 부모에게 화를 내는 것을 받아들일 수가 없었습니다. 내가 어른에게 그랬듯이 아이들은 나처럼 그래야 한다고 생각을 했던 겁니다. 아이들도 화를 낼 수 있는 건데 말입니다. 사람이라면, 살아 있는 사람이라면, 감정은 누구에게나 있는 것이고, 누구라도 화를 낼 수 있는 건데 말입니다.

아이들이 화가 났을 때, 저는 이렇게 합니다.
아니, 더 정확하게 말하자면, 노력을 하고 있습니다.

'화난 것 같은데, 엄마가 뭘 도와주면 좋을까? 어떻게 해 주면 좋을까?'
혼자 있고 싶은지, 말을 들어 주길 원하는지 물어보고, 아이가 원하는 대로 해 주려고 노력합니다.

감정이라는 것은 참 희한합니다.
보통은, 똑같은 감정으로 지속되지는 않습니다.
어떤 감정이든 살아 있어서 어떨 때는 슬프고, 살맛 안 나기도 하지만,
어떨 때는 살맛도 나고 기쁘고 즐겁기도 합니다.
아무리 화가 났어도 그 감정 그대로 서너 시간,
혹은 하루 종일 지속되지는 않습니다.

화가 났을 때,
내가 내 감정을 내가 인정해 주면 좋겠습니다.
내 감정에 대한 존중입니다.

"미정아, 화가 났구나! 화날 만하니까 화난 거야, 괜찮아!"
"화날 수 있지!"
"화가 났구나!" 인정을 해 주는 것이 필요합니다.

무엇이 나를 화나게 하는지 알기

무엇이 나를 화나게 하나요?

다른 사람 때문에 화가 나나요?

아니면, 나 때문에 화가 나나요?

때로는 다른 사람 때문에 화가 나기도 하고,

나 때문에 화가 나기도 합니다.

무엇이 나를 화나게 하는지 아는 것은 매우 중요합니다. 이유를 알아야
해결을 할 수 있을 테니까요.

많은 경우, 내가 원하지 않는 상황이 전개가 되면, 화가 납니다. 당연하
다고 생각하는 일들이 내 뜻대로 전개가 안 되면 화가 납니다. 예상치
못한 상황을 접하게 되면 화가 납니다.

그런데,

신기한 것은,

똑같은 상황을 접했는데,

어떤 사람은 화를 내고, 또 어떤 사람은 화를 안 냅니다.

왜 그럴까요?

누구는 화를 내고, 누구는 화를 안 내고,

도대체 그 차이가 무엇인지 궁금했습니다.

예를 들어,

약속시간에 늦는 사람이 있다고 하면,

A는 화를 엄청 내면서 상대방을 비난을 하고,

B는 늦게라도 왔으니 '됐다'라고 하면서 화를 내지 않습니다.

A와 B의 차이는 무엇일까요?

'약속시간에 늦는 것'에 대한 생각의 차이 때문이 아닐까요?

A는 평소에 스스로도 약속을 잘 지키는 사람이고, 약속을 지키는 것은 당연하다고 생각하는 사람이라면, 약속을 안 지키는 상대방에 대해 화를 내고 비난할 것입니다.

B는 사람이 살다 보면, 약속을 못 지킬 수도 있고, 만약에 사고라도 나면 못 올 수도 있는데, 늦게라도 약속장소에 나타난 것이니까 다행이라고 생각을 한다면, 화를 내지 않을 것입니다.

어떤 상황을 어떻게 바라보느냐,

어떻게 생각하느냐에 따라,

화가 나기도 하고, 안 나기도 합니다.

상황을 바라보는 생각이 달라서 화를 냅니다.

상황을 바라보는 것은,

그 상황에 대해 생각하고 판단하는 것은 누구냐?

바로 '나'입니다.

내가 그 상황을 어떻게 보느냐에 따라 화가 나기도 하고 안 나기도 합니다.

실제로 우리들이 생활하면서, 대단한 문제 때문에 화를 내는 것은 드니다. 우리가 남북한 핵 문제 때문에 지속적으로 화를 내지는 않습니다. 환경 문제 때문에 걱정은 하지만, 지구 온난화 때문에 걱정은 하지만 보통은 분노하지는 않습니다.

아주 사소한, 소소한 말과 행동들이 우리를 화나게 합니다. 나를 불편하게 하는 것은 서너 가지입니다. 그 불편한 상황들에 대해 짜증내고 화를 내고, 그것들이 계속 반복되다 보니 내가 화를 많이 내는 사람이 되고, 주변 사람들이 불편해집니다.

제가 저 스스로 살펴본 결과, 소소한 것에 반복적으로 짜증내고 화내는 내용을 살펴보니,

첫째, 정리정돈이 안 되어 있을 때,

둘째, 양말을 뒤집어 벗어 놓을 때,

셋째, 내 뜻대로 상대방이 움직여 주지 않을 때 등등이었습니다.

거의 항상 내가 원하는 방식대로 정리정돈이 되어 있지 않았고, 양말을 뒤집어 벗어 놓은 것을 매일 봐야 했고, 엄마가 한 마디 하면, 아이들이 '네' 하고 움직여 줘야 하는데 그러지 않았고, 그러다 보니, 거의 하루 종일 짜증과 화냄의 연속이었던 겁니다.

무엇이 나를 화나게 하는지 아는 것이 중요합니다. '아! 내가 이런저런 것 때문에 화가 나는구나!'를 알면, 분노를 다루기가 훨씬 수월합니다.

미래에 대한 불안함 때문에 화가 나기도 합니다. 버림받을까 봐, 잊힐까 봐, 관심에서 멀어질까 봐, 인정받지 못할까 봐 두려워서 화가 나기도 합니다. 무서워도 화가 납니다. 화를 내면서 불안한 마음을, 두려운 마음을 덮어 버리는 겁니다.

내가 화나는 것이 두려워서 그런지, 두렵다면 무엇이 두려워서인지, 불안함 때문에 화가 난다면 무엇으로 인해 불안감을 느끼는 것인지를 알면 훨씬 감정을 보살펴 주기가 쉬워집니다.

물론 상황에 따라서는 화가 나기는 나는데 왜 화가 나는지 모를 수도 있습니다. 화가 나는 이유를 알 수도 있지만, 무엇이 나를 짜증나게 하고 화나게 하는지 모를 수도 있습니다.

저 같은 경우, 생리를 시작하기 전에는 짜증과 화나는 감정이 올라왔습니다. 도대체 무엇 때문에 짜증이 나고 화가 나는지, 무엇 때문에 내가 그러는지 아무리 살펴봐도 왜 그런지 알 수가 없었습니다. 분명하게 알면 좋을 텐데, 그러지 못한 상황이 되니 답답했습니다. 유독 생리 전에는 그런 감정들이 올라왔습니다. 평상시에는 그냥 넘어갈 일인데 그렇게 되지 않기도 하고, 그래서 주변 사람들을 힘들게 하기도 하고, 몇 년을 그렇게 보내면서 내린 결론은 호르몬 변화로 일어나는 생리전증후군으로 '그런가 보다'입니다. 호르몬의 변화는 내가 '정말' 어쩌지 못하는 것입니다. 생리를 하는 여자 분들은 공감을 하실 것입니다.

무엇이 나를 화나게 하는지, 무엇 때문에 화가 나는지를 아는 것, 또한 중요합니다.
알아야 내가 내 감정을 조절할 수 있으니까요.

나를 화나게 하는 상황을 어떻게 바라볼 것인가?

근본적으로 감정 조절을 잘 하려면, 나를 화나게 하는 상황을, 내가 화나는 상황을 어떻게 바라보느냐가 가장 중요합니다. 애초에 어떤 상황을 보더라도 화가 안 나는 상황이 된다면, 그게 가장 최선의 방법이라고 생각합니다.

똑같은 상황을 보고
누구는 화를 내고,
누구는 화를 안 냅니다.
그 이유는 무엇일까요?
그 차이는 왜 날까요?

사람마다 생각이 다르기 때문입니다.
사람마다 그 상황을 보는 관점이 다르기 때문입니다.

어떤 상황을 보고 화를 내게 될 때,

화나는 감정이 먼저일까요,
아니면 그 상황에 대한 생각, 사고가 먼저일까요?

화를 내는 것이 습관이 되어 버린 경우가 많이 있습니다. 어떤 상황이
되면 자동적으로 감정이 올라온다는 것입니다. 그래서 어떤 상황을 보
고 화가 올라오므로 감정이 우선이라고 생각할 수 있습니다. 하지만,
그 상황이 처음 있었을 때를 생각해 보면, 그 상황에 대한 나의 생각이,
나의 사고가 먼저 있었습니다. 내가 알아차리지도 못하는 순간에 벌어
진 것일 수도 있고, 나의 가치관, 나의 신념이, 나의 고정관념이 영향을
주었을 수도 있습니다. 내가 의식하지 못했던 순간의 생각, 사고로 말
미암아 나는 '그 상황'이 되면 감정이 올라오게 됩니다.

자동적으로,
습관처럼.

따라서 반복적으로 경험하게 되는 감정에 대해, 그 패턴에 대해 한번쯤
은 자세히 살펴볼 필요가 있습니다. 처음부터 생각해 보자는 겁니다.
화나는 상황에 대해 내가 어떻게 바라보고 있는지. 내가 합리적인 사고
로 그 상황을 바라보고 있는지. 내가 비합리적인 사고로 그 상황을 바
라보고 있는지.

합리적 사고란 논리적이고 과학적인 사고방식이나 행동양식을 의미합
니다. 합리적 사고는 자신이 항상 인정받고 유능하고, 성공해야 한다는

완벽주의 또는 자책이나 자기비판의 습관을 버리고 변화를 위해 노력하는 것입니다.

비합리적 사고는 자신이 모든 사람으로부터 늘 사랑과 인정을 받고 유능해야 하며, 자신이 하고자 하는 일을 모두 이루어야 한다고 믿는 데 있습니다. 또한 자신이 두려워하는 일이 언제 어느 때 생길지 몰라 늘 걱정하고 있는 것도 하나의 특징입니다. 따라서 자신이 비합리적인 사고를 하고 있는지 생각해 보고, 비합리적인 사고가 떠오를 때마다 그것을 합리적인 사고로 전환하는 의식적인 노력이 필요합니다. 모든 일이 내 뜻대로 되어야만 할 이유는 없다고 생각하며, 현실을 있는 그대로 받아들일 수 있어야 합니다. '나'라는 사람이 '살아 있다는 것' 그 자체로도 충분히 행복할 권리가 있기 때문입니다.
자, 그럼 구체적으로 연습을 해 보겠습니다.

〈상황 1〉
나와 잘 지내던 A가 나를 무시한다고 칩시다.
A가 나를 무시한다고 생각하니 내가 화가 납니다

* **비합리적 사고**
A가 나를 무시해서는 안 된다고 생각하기에,
무시당하는 나를 내 스스로 받아들일 수가 없어서,
A에게 인정을 못 받고 무시당한다는 것을 받아들이기가 어려워서, '어

떻게, 감히 나를 무시해?'라는 생각에, 화가 납니다.

물론, 화날 만합니다.

그런데, 이렇게도 생각할 수 있습니다.
상황을 이렇게 볼 수도 있습니다.

* 합리적 사고
A가 나를 무시하든 안 하든 그건 A의 '선택'입니다.
A가 그렇게 '선택'한 것에 대해 내가 이래라저래라 할 이유는 없습니다.
A의 '선택'에 따라 벌어지는 일에 대해서는, 결과에 대해서는 A가 책임을 지게 될 것입니다.

나도 때로는 누군가를 무시할 수 있습니다. 내가 상대방을 무시할 때는 나름대로 이유가 있어서 무시를 하게 됩니다. 나를 무시하는 상대방도, 상대방 나름대로의 이유가 있겠지요.

상대방이 반드시, 항상, 언제나, 절대적으로, 나를 좋아해야 하고 나를 인정해야만 하는 이유는 없습니다. 내 뜻대로 상대방이 나를 좋아해 주면, 인정해 주면 좋겠지만, 그건 나의 바람이고, 현실은 그렇지 않습니다. 그냥 받아들일 수밖에요.

또한, 상대방이 나를 무시한다고 느끼는 감정은 정말로 상대방이 나를 무시해서 내가 느끼는 것인지, 아니면 나의 왜곡된 감정으로 인해 그런 것인지에 대해서도 살펴볼 필요도 있다고 생각합니다. 제가 남편에게 나를 무시하냐고 물어본 것처럼, 상대방에게 물어보는 것도 괜찮을 것 같습니다.

'내가 무시당한 느낌이 든다.'

'내가 무시당하는 느낌이 드는데 무시하는 거냐?'고.

상대방은 나의 질문에 진실을 말할지 아닐지 모릅니다만, 적어도 상대방은 내가 어떤 느낌으로 받아들이고 있는지에 대해서 알게 되겠지요. 나와의 관계를 소중히 여긴다면 상대방이 앞으로 어떻게 해야 할지에 대해 생각할 수 있는 기회를 갖도록 해 줄 수 있으리라 생각합니다.

이렇게 상황을 본다면, 어떨까요?

어떻게 생각을 하면 내가 편해질까요?

〈상황 2〉

내가 B에게 무언가를 부탁했다고 칩시다.

내 입장에서는 당연히 내 부탁을 들어줄 것이라고 생각했는데,

거절을 당하였습니다. 믿었던 사람에게 거절을 당하니 괘씸하고 배신 감이 들어 화가 납니다.

* 비합리적 사고

'내가 그동안 B한테 얼마나 잘해 줬는데, 작은 건데도 부탁을 못 들어주

나라는 생각에 서운하기도 합니다. B가 나한테 부탁을 하면 나는 내 일을 미루고서라도 B의 부탁을 들어줬는데 어떻게 그럴 수 있는지 화가 납니다. 다른 사람에게는 몰라도 그동안 내가 B에게 해 준 걸로 봐서는 B는 당연히 내 부탁을 들어주어야 하는데, 그렇지 않은 B를 보며 그동안 B에게 해 주었던 많은 배려들에 대해 후회가 됩니다. 내가 바보 같았다는 생각에 스스로를 자책하기도 합니다. 화날 만합니다.

그런데, 이렇게 생각할 수도 있습니다.
거절당한 상황을 이렇게 볼 수도 있습니다.

* 합리적 사고
'내 부탁을 당연히 들어줄 것이다.'라는 것은 '내 생각'입니다.
당연하다고 생각하고 있지만, B가 부탁을 들어주게 될지 안 들어줄지는 반반입니다. B가 내 뜻대로 내 부탁을 들어줘야 할 이유는 없습니다. B가 내 부탁을 들어주면 고마운 일이지만, B는 나름대로 자신의 일정이 있었을 수도 있고, 나는 작은 부탁이라고 생각하지만, B에게는 작은 것이 아니라 부담스러운 내용일 수도 있겠지요.

B를 믿은 것은 '나'의 '선택'입니다. B가 본인을 믿으라고 한 적은 없습니다. B에게 잘해 준 것은 '나'의 '선택'이었습니다. 내가 B에게 잘해 주었다고 해서 B가 나에게 잘해 주어야 할 이유는 없습니다. 내 일을 미루고서라도 B의 부탁을 들어준 것 역시 '나'의 '선택'이었습니다. 나는 B의 부탁을 거절할 수도 있었을 것입니다. 거절을 못 한 것은, 안 한 것은

모두 '나'의 '선택'이었습니다. 나의 부탁을 거절하든 안 하든 그건 B의 '선택'입니다. B의 선택에 대해 내가 이래라저래라 해야 할 이유는 없습니다. B의 선택에 따라서 나와의 관계가 소원해진다면, 그건 B의 책임입니다.

이렇게 생각을 한다면, 어떨까요?
어떻게 생각을 하면 내가 편해질까요?

〈상황 3〉

내가 부당하다고 생각하는 것을 계속적으로 부탁하는 C가 있습니다. 그와의 관계를 생각해서, 좋은 마음에서, 거절을 못 해서, 한두 번, 혹은 서너 번, 그의 부탁을 들어주었는데, 부탁을 들어주다 보니 C는 당연한 것처럼 받아들이고, 어쩌다 부탁을 거절하면, 오히려 내가 나쁜 사람이 되는 상황이 됩니다.

이런 경우, 누구라도 화가 날 것입니다. 정말 화가 나는 일입니다. 이런 때, 화를 내면 되는데, 화를 내면 좋겠는데, 문제는 화를 낼 수 있는 상황이 안 돼서, 못 돼서 화를 낼 수 없기도 합니다. C가 나보다 나이가 많거나, 직장 상사이거나, 배우자의 부모인 경우, 배우자의 형제자매인 경우 특히 그렇습니다.

화가 나는 이유를 생각해 보겠습니다.

부탁을 하는 'C' 때문인가요?

거절 못하는 '나' 때문인가요?

아님, '둘 다'인가요?

* 비합리적 사고

다른 사람의 부탁을 거절하는 것은 나에게는 있을 수 없는 일이라고 생각하거나, 나이 많은 어른의 부탁은 들어줘야 한다거나, 나보다 힘(권력)이 있거나, 지위가 높은 사람의 부탁을 거절할 수 없다거나, 나에게 불리한 상황이 전개될 것이 두려워 거절할 수 없다거나, 그동안 내가 들어준 부탁들이 있는데, 이번에 안 들어주면, 그동안의 것은 다 물거품이 되어 버리는데, 그동안의 노력, 수고가 아까워서 못 하거나 등등의 생각으로 거절을 못 할 수 있습니다.

나의 입장에서 생각해 보면, 나는 '나' 나름대로 부탁을 거절하지 못하는 이유가 있을 것입니다. 내가 감당할 수 있다면 해도 되겠지만, 내가 감당할 수 없다면, 그만두는 것이 바람직합니다.

* 합리적 사고

C가 나에게 부탁을 안 한다면 제일 좋겠지만, 그렇지 않은 상황이 된다면, '거절'을 할 줄 알아야 한다고 생각합니다.

살면서 거절할 수도 있습니다.

처음 거절하기가 어렵습니다.

안 해 본 사람은 정말 어렵습니다.

처음만 어렵지, 거절한다고 해서 관계가 나빠지지는 않습니다.

관계가 나빠진다면, 그건 C의 책임입니다.

관계가 나빠진다면, 다시는 C가 나에게 부당한 부탁을 하지 않게 될 것입니다.

어차피 남을 사람은 남고 떠날 사람은 떠나게 마련입니다.

C의 입장에서 보면, 나와 관계를 지속한 이유가 나를 이용하기 위해서일 수도 있습니다.

내가 거절을 잘 못하는 것을 알고 나를 이용한 것일 수도 있습니다.

내가 거절을 할 만하니까 거절을 하는 것이고, C가 고맙게도 나의 '거절'을 잘 받아준다면 감사할 일이고, 아니면 그만인 것입니다.

몇 년 전에 지인이 제게 부당한 부탁을 한 적이 있었습니다. 모 기관에서 같이 교육을 받는 중이었습니다. 눈인사 정도만 하는, 그렇게 친하지 않은 사이였는데, 그날은 엄청 친근하게 다가왔습니다. 그러더니 제게 부당한 부탁을 하는 거였습니다. 제 상식으로는 그런 부탁은 하는 게 아닌데, 들어 달라고 하니 난감했습니다. 제 얼굴이 화끈거렸습니다. 계속적으로 만날 사이인데, 어떻게 거절을 해야 할지 막막했습니다만, 부탁을 들어줄 수는 없었습니다. 저는 이러저러해서 그럴 수 없노라고 거절을 했습니다. 아마 그 지인은 제가 흔쾌히 들어줄 거라고 예상을 했었나 봅니다.

지인의 얼굴이 빨개졌습니다. 그 모습을 보니 제가 거절한 것이 오히려 미안한 마음이 들기도 했습니다만, 나중에 생각을 해 봐도 거절한 것은 잘한 일이었습니다.

그 이후에 몇 번 만났을 때는 어색한 분위기였습니다만, 시간이 지난 후 지금은 편안한 관계가 되었습니다.

그때, 그분의 부탁을 들어주었다면, 거절을 못한 내 자신에 대해 화가 났을 것이고, 그분을 만날 때마다 그 부분이 저를 짜증나게 했을 거라는 생각이 듭니다.

살면서 거절할 수도 있습니다.
거절해도 괜찮습니다.

내 부탁을 다른 사람들이 다 들어주지도 않습니다.
다른 사람들이 내 부탁을 안 들어주면, 나는 어떤가요?
내 부탁을 안 들어주었다고 해서 그 상대방을 나쁜 사람이라고 비난하나요? 아님, 그럴 수도 있다고 생각하나요?
나쁜 사람이라고 비난할 수 있겠지요.
서운한 마음이 들 수도 있겠지요.
그렇다고 해서 관계를 끊어 버리나요?
그럴 수도 있겠지요.
상황에 따라서는.

거절당한 상대방도 그런 마음일 수 있습니다.
나에 대해 서운한 마음이거나,
나를 나쁘게 생각하거나,
그럴 수도 있다고 생각하거나,

상대방이 어떤 마음을 갖든, 어떤 생각을 하든, 그건 상대방의 '선택'이고, 상대방이 책임질 일입니다.

분노 조절에 관한 책을 읽으면서 알게 된, 기원전 1세기의 철학자 에픽테투스(Epictetus)의 "사람의 마음을 혼란시키는 것은 사건 자체가 아니라, 사건에 대한 그들의 판단이다."란 말은 저에게 충격으로 다가왔습니다.

내가 화가 난다는 것은, 화가 나는 상황을 어떻게 바라보느냐에 따라 화가 날 수도 있고 그렇지 않을 수도 있다는 것입니다.

물론, 누군가가 나를 해하려 하거나, 누가 봐도 화가 날 상황, 화를 내야 할 상황에서는 화를 내야 합니다. 나를 보호하기 위해, 내가 사랑하는 그 누군가를 위해 화를 내야 합니다. 그런 때, 오히려 화를 내지 못하거나, 부당하다고 느끼는 데도 불구하고 화를 참는 것은 바람직하지 않습니다,

나에게 벌어지는 상황을 어떻게 바라볼 것인가? 나를 힘들게 하는 상황에 대해서, 화나게 하는 상황에 대해서 구체적으로 살펴봐야 근본적으로 편해질 수 있습니다.

그 상황을 나는 비합리적인 사고로 바라보고 있는지, 합리적인 사고로 바라보고 있는지를 아는 것이 필요합니다.

"사람의 마음을 혼란시키는 것은

사건 자체가 아니라,

사건에 대한 그들의 판단이다"

— 에픽테투스(Epictetus) AD 1세기

화를 표현할 것인가, 말 것인가, 보류할 것인가?

우리는 화가 난 상황에서 화를 낼 것인지, 말 것인지 선택을 할 수 있습니다. 물론 어떤 경우에는 내가 내 감정을 살펴볼 겨를도 없이 화를 내게 되는 경우도 있습니다. 어느 경우에는 나도 모르게, 내가 통제할 수 없는 '화'가 나기도 합니다.

괜찮습니다. 의식적이든, 무의식적이든, 내가 나를 보호하기 위해 화를 낸 것입니다.

'한 박자 쉬고~',

안 되면, '두 박자 쉬고~',

안 되면, '세 박자 쉬고~'

선택을 하는 데 시간이 걸릴 수 있습니다.

괜찮습니다.

한 박자 쉬고, 열 박자까지 쉬어도 '5분'도 안 걸립니다.

화를 내고, 안 내고는 내가 '선택'을 합니다.

남이 내게 뭐라 할 수 없습니다.

뭐라고 해도 그건 상대방 생각이고 내가 상대방의 생각에 꼭 동의를 해야 할 이유는 없습니다.

내 '감정'이고, 내 '화'인데요.

'화'를 내야겠다고 생각하면 화를 내십시오.

화를 내서 내게 도움이 될 것 같으면 화를 내십시오.

화를 내는 것이 내게 도움이 안 될 것 같으면 굳이 화를 내야 할 필요가 없습니다.

어떤 경우에는 화가 난 나에게 주변에서 참으라고 할 때가 있습니다. 화가 나서 죽겠는데, 그 속도 모르고 나보고 참으라고 하면, '때리는 시어미보다 말리는 시누이가 더 밉다.'는 속담처럼 화가 더 납니다.

저는 참으라고 권하고 싶지 않습니다. 참는다는 것은, 내가 원해서, 혹은 내가 선택을 해서라기보다 다른 어떤 힘에 의해 어쩔 수 없이 해야만 하는 느낌이 듭니다.

저는 '보류'라는 말을 합니다. '화를 내야겠다.'고 생각은 하지만, 화를 내는 것이 여의치 않을 때도 있습니다. 그 순간, 당장 화를 내는 것이 내게 도움이 될 것이 없다면, 잠시 '보류'해 두는 것입니다. 내가 화를 내기는 낼 텐데, 지금이 '그때, 화를 낼 때'는 아니라는 것이지요. 잠시 미루고 나중에 화를 내도 괜찮습니다.

'보류'하는 것의 장점이 참 많습니다. 나중에 화를 낼 때, 이미 나는 감정이 어느 정도 정리가 된 상태인지라 상대방에게 내가 무엇 때문에 화가 났고, 상대방에게 이러이러한 것을 바란다는 등의 말을 차분히 할 수 있고, 감정적인 상태가 아니니 상대방도 내 말을 더 잘 들을 수 있습니다.

내가 오해해서 화가 난 경우도 있을 것이고, 시간이 지나면서 오해가 풀리고, 오히려 그때 화내는 것을 보류하길 잘 했다는 생각이 들 때도 있습니다.

제 경험으로는 '보류하길 참 잘 했다.'는 생각이 들 때가 많았습니다.

'그래서 그럴 수밖에 없었구나, 그러니까 그렇게 행동을 한 거였구나, 내가 이러저러한 것을 오해를 했네, 알고 보니 별일 아니었는데' 등등.

보류하다가 '이건 아니다' 싶으면 그때 화를 내도 늦지 않습니다.

화내는 것이 내게 무슨 도움이 되지?

한 박자 쉬면서,

내가 화를 내는 것이 내게 어떤 도움이 되는지,

상대방에게 어떤 도움이 되는지,

무슨 도움이 되는지 생각해 봐야 합니다.

아시다시피, 화를 내려면 많은 에너지가 필요합니다. 지금의 상황이 '내가 에너지를 쏟아야 할 만큼, 화를 내야만 할 만큼 가치가 있는 것인가? 혹은, 내가 화를 내서 상대방이 달라질 상황인가?'에 대해 생각해 보고, 행동을 하더라도 늦지 않습니다. 도움이 된다면, 표현해도 되겠지만, 도움이 될 것이 없다는 느낌, 생각이 든다면, 표현하지 않는 것을 선택하는 것이 좋습니다.

A라는 사람과 약 1년 정도 함께 일한 적이 있습니다. 1년이 지난 후, 본인의 불만에 대해 큰 소리로 흥분하면서 제게 화를 냈습니다. 그때, 저는 이미 '한 박자 쉬고~'를 실천하고 있을 때라서 제 감정의 변화를 객관

적으로 보면서 A를 대했습니다. A의 입장에서 생각해 보면, A는 그렇게 생각할 수도 있겠다는 생각이 들었습니다. A의 입장에서는 화날 만하니까 화를 낸 것이겠지요.

저도 할 말이 많았습니다만, 내가 A에게 화를 낸다는 것이 내게 무슨 도움이 될지 생각해 보았습니다. 어린 사람이 내게 화를 낸다고 해서 나도 똑같이 상대방에게 화를 낸다는 것이 우습게 생각되었습니다. 그 시간이 지나고 나중에 생각해 보면, 제 스스로가 부끄러울 수도 있겠다는 생각이 들었습니다. 부끄러울 수 있는 일을 해서 내게 도움이 될 것은 없다고 생각하였습니다. 또, 화를 내다가 제 감정을 조절하지 못해서 해서는 안 될 말이 나도 모르게 나와 그동안 내가 쌓아 온 이미지에 금이 갈 수 있는 행동을 하게 되면, 내게 도움이 되지 않는다고 생각했습니다.

내가 경험한 A는 남의 말을 잘 하고 비난하는 부분이 많이 있었기에 나에 대한 비난거리를 더해 주고 싶지 않았습니다. '그래, 네가 화가 난다면, 실컷 얘기해라.' 그렇게 생각을 하니 화가 하나도 안 났습니다. 얘기를 들어 주었습니다. 제 맘은 편했습니다.

화를 퍼부은 A는 스스로 일을 그만두겠다고 했습니다. 그렇게 하라고 했습니다. 잡지 않았습니다. 자기 스스로 그렇게 하고 나서 같이 일을 할 수는 없었으니까요. 자기 스스로 창피하거나 부끄럽게 생각할 것 같았습니다.

지금 생각해 봐도 그때 화를 표현하지 않았다는 것이 참 잘한 일이라는 생각이 듭니다.

'화'를 낼까? 말까? 생각해 보면, 내 무의식에서 답을 줍니다.
도움이 되는지 안 되는지, 그 느낌을 존중해 주면 됩니다.

'아! 그때 그러지 말았어야 했는데'라는 후회가 없도록,
내가 화를 내서 상대방이 달라지고,
관계가 더욱더 좋아질 것이라는 확신이 들면,
나를 위해, 상대방을 위해 화를 내야겠지만,
화를 내도 상대방은 달라지지 않을 거고,
오히려 관계만 나빠진다면 굳이 내가 화를 내야 할 이유가 없습니다.

한 박자 쉬면서,
두 박자 쉬면서,
세 박자 쉬면서,
깊은 호흡을 하며 생각해 봅니다.

내가 지금 화를 내는 것이 내게 어떤 도움이 되는지.
도움이 된다면 화를 내야 하고,
도움이 되지 않는다면 화를 낼 필요가 없습니다.
잠시 '보류'해 둬도 괜찮습니다.

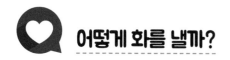

어떻게 화를 낼까?

'한 박자 쉬고~',

'두 박자 쉬고~',

세 박자 쉬면서,

내가 화난 것을 인정을 하고,

내가 화가 난 이유를 알고,

내가 화가 난 상황을 내가 어떻게 보고 있는지,

그럴 수도 있는 일인지,

무슨 이유가 있는 건지,

굳이 화를 내야 할 필요가 있는지 없는지 살펴보고,

화를 내야 할지, 말아야 할지, 보류해야 할지 선택을 하는데, 화를 내야

겠다고 선택을 했다면, 어떻게 화를 내야 하는지가 궁금할 것입니다.

원칙적으로 비폭력적인 방법을 선택해야 합니다.

폭력적인 방법을 선택해서는 안 됩니다.

폭력적인 방법을 선택했을 경우,

법적으로 책임져야 하는 상황이 올 수도 있습니다.

'말'로 하는 것입니다.

단, 폭력적인 언어를 사용하지 말아야 합니다.

나름대로 효과를 볼 수 있는 방법 중에 하나가

'나-메시지(나-전달법)'입니다.

내가 편해질 수 있는 방법을 찾는 부분에서 자세히 설명 드리겠습니다.

셋

나 편한
방법 찾기

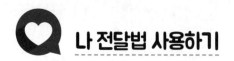
나 전달법 사용하기

의사소통에 관심이 있는 분이라면 한 번쯤 들어 봤을 '나-메시지(나 전달법)'에 대해 이야기하려고 합니다.

'나 전달법'은 의사소통의 한 방법으로 상대방을 비난하거나 평가하지 않으면서 자신의 감정이나 생각을 명확하게 전달할 수 있는 방법으로써 상대방에게 상처를 주지 않고 나와 상대방의 인격을 모두 존중해 주는 대화방법입니다.

이때, 상대방을 공격하거나 비난하는 어투로 말하는 것은 '나 전달법'이라고 할 수 없습니다. 담담하게 내 이야기를 하는 것입니다.

제가 '나 전달법'에 대해 처음 들은 것은 2004년도였습니다. 처음으로 상담과 관련된 공부를 시작한 것이 집단상담이었는데, 그때, '나 전달법'이라는 것을 듣고 충격을 받았습니다.

'사람이 대화를 하면 그냥 하는 거지, 의사소통이 별거 있나?'라는 생각이었는데, 말하는 데도 방법이 있다는 것 자체가 충격으로 다가왔습니다. 우리가 평상시에 사용하는 말은 '너-메시지', '너-전달법'이라고 할 수 있습니다. '너는 어떻고', '너는 왜?'라는 말들이 '너-전달'이라고 할 수 있습니다.

'나-전달'은 '나는 이러저러하다'라는 '나' 중심으로 '나'의 생각, 감정, 느낌, 바람 등을 이야기하는 것입니다.
공식은, 어떤 상황이나 사건에 대해 이야기하고, 그 상황에 대한 나의 느낌이나 감정을 이야기하고, 나의 바람, 기대를 이야기하는 것입니다.

'나-전달'을 배우고 나서, 바로 실천을 했습니다. 행복하게 살고 싶었고, 화를 덜 낼 수 있는 방법이 될 수도 있다니, 실천을 하지 않을 이유가 없었습니다. 처음에는 어려웠습니다. 사용해 본 적도 없는 것을 하려니 제 스스로 얼마나 어색했는지 모릅니다.

위에서 배운 대로, 공식대로 하려니 시트콤을 찍는 느낌이었습니다.

평상시라면,
늦게 일어나는 아이에게
약간 짜증이 섞인 목소리로, 비난하듯이, 큰 소리로,
'지가 알아서 빨리 일어나면 좀 좋아'라는 속마음으로,

"야~, 일어나! 늦었어. 빨리!"라고 이야기하는데,

"아침에 늦게 일어나니, 네가 학교에 늦을까 봐 걱정이 되는구나! 빨리

일어나면 좋겠구나!"라고 이야기하고,

정리정돈이 안 되어 있으면,
"야~. 이게 뭐야? 빨리 정리하지 못해? 누가 이렇게 해 놓으래?"라며, 큰 소리로 아이들에게 짜증내면서 이야기하던 것을,

"엄마는 피곤한데, 어질러져 있는 걸 보니 화가 나는구나! 정리를 해 주 면 좋겠구나!"라고 이야기를 하려니 나 자신도 오글거리고, 더 웃긴 건 아이들의 반응이었습니다.

내가 '나-전달'을 사용하여 말을 하면, 일단, 아이들이 자신들이 하던 행 동을 멈추고, 나를 쳐다봅니다.
'엄마가 왜 저래?'
'엄마가 이상하다!'
'엄마가 안 하던 행동을 하네?'
'엄마가 언제까지 저렇게 행동을 할까?' 등등의 눈으로 나를 쳐다봤습니다.

나 자신도 오글거리고, 어색하고, 듣는 아이들도 어색해하고, '이런 걸 계속해야 하나?'라는 생각도 들었습니다.
하지만, 여러 가지로 도움이 된다니 계속할 수밖에 없었습니다. 내가 편해질 수 있다는데, 실천을 마다할 이유가 없었습니다.
일단, 실천을 해 보는 데까지 실천을 해 보고, 실천을 했는데, 내게는 별 로 도움이 되지 않는다고 판단이 되면, 그때 그만두면 된다는 생각으로

실천을 계속했습니다. 처음에 어색했던 것이 점차 익숙해지고, 듣는 남편도 아이들도 익숙해졌습니다.

상대방을 비난하는 것이 아니라 나의 상태에 대해 말을 해 주는 것이니까, 듣는 사람이 크게 불편해하지 않는 것 같았습니다. 계속 사용하다 보니, 공식대로 하지 않고, 생략해서 말하게 되었습니다. 제 감정을 이야기해야 할 때가 있고, 안 해도 되거나 할 필요가 없을 때도 있으니, 단지 '바람'을 이야기하기도 합니다.

원하는 것을 이야기하기도 합니다.

상황에 대해 이야기하기도 합니다.

'일어날 시간인데',

'애들아~, 정리 좀 해 줄래? 그럼, 고맙겠네.'

'엄마는 지금 이러저러한 상황이야. 그러니 어쩌고저쩌고~'

'여보, 추운데 문 좀 닫아 줄래요?'

'남편, 늦으면 늦는다고 전화를 해 주면 좋겠어요. 걱정이 되거든' 등등.

말을 예쁘게 할 수 있게 되었습니다. 화가 나면 예쁘게 말하는 것이 어려울 수 있습니다. 상대방을 비난하면서 말을 하면, 말을 하면서 더 화가 나기도 합니다. 반대로, 내가 '어떻다'고 예쁘게 말을 하게 되면, 화가 가라앉기도 합니다.

화가 났을 때. '나 화났어!' 하고 말하는 것도 '나-전달'입니다.

자, 그런데, '나-전달'이 주는 장점도 정말 많이 있지만, '나-전달'로 대화

하는 것이 생소한 사람들은 '나-전달'로 이야기하는 것에 대해 긍정적이지 않을 수 있습니다. 오히려 자신을 우습게 보는 것으로, 혹은 비웃는 것으로 받아들일 수 있습니다. 그런 상대에게 '나-전달'을 사용하는 것은 그렇게 효과적이라고 볼 수 없습니다.

내가 정말 화가 났을 때, 상대방이 정말 잘못한 내용이 있으면, 내가 나를 보호해야 하는 상황에서는, 그때는 '나-전달'보다 '너-전달'로 이야기하는 것이 더 효과가 있다고 생각합니다.

내 자전거를 훔쳐 가는 사람보고, '당신이 내 자전거를 훔쳐 가는 것을 보니, 너무나 속상합니다. 내 자전거를 돌려주었으면 좋겠어요.'라고 '너-전달'로 말해야 할 필요가 없고, '야! 너 뭐하는 거야? 도둑이야! 가져가지마!'라고 '너-전달'로 말해야 효과가 있습니다.

누군가 사랑하는 내 자녀를 괴롭히는 것을 보고, '당신이 내 자녀를 괴롭히는 것을 보니 내가 많이 속상합니다. 그만해 주시겠어요?'라고 말을 하는 것은 아시다시피 바람직하지 않습니다. '야! 그만둬, 뭐하는 거야?'라고 '너-전달'로 말을 해야겠지요.

제가 이렇게 말씀을 드리는 것은 상황에 맞게, 효과적으로 '나-전달법'을 사용하셨으면 해서입니다.

'나-전달'이 만병통치약처럼 어느 곳에서나 어느 상황에서나 효과가 있는 것은 아니라는 것을 이야기하고 싶습니다. 하지만, 효과가 있는 것도 분명합니다. 처음에는 오글거리겠지만, 하다 보면 익숙해집니다.

있는 상황을 이야기해 주고, 그 상황에 대한 나의 감정이나 바람을 이야기하면 됩니다.

연습을 해 보겠습니다.

〈상황 1〉

남편이 연락도 없이 늦게 들어왔습니다. 전화를 해도 전화를 받지 않아 통화를 할 수가 없었습니다. 걱정도 되고 염려도 되고, 화가 났습니다. 이럴 때, 남편이 들어오면, 남편 보고 비난의 말을 하게 됩니다.

"왜 이렇게 늦었어?"

"전화는 왜 안 받는 거야?" 등등 화를 내며 말을 하게 됩니다.

그 말을 듣는 남편은 미안하다고 하기는커녕 일이 있어서 늦을 수도 있지, 그런 것 가지고 뭐라고 한다고 오히려 화를 냅니다.

어차피 늦은 거, 뭐라고 해 봐야 서로 상처 주는 말로 시작해서 상처 주는 것으로 끝날 수도 있습니다. 그렇게 해 봐야 내게 도움이 되는 게 하나도 없습니다. 앞으로 안 그러는 것이 중요한 것이니까, 한 박자 쉬면서 감정을 가라앉히고 '나-전달'을 하면 도움이 됩니다.

"당신이 연락도 없이 늦으니까, 화가 나네요." 혹은, "연락이 안 되니까 무슨 일이 생긴 것 같아서 걱정이 됐어요. 불안한 마음이 들어요. 다음부터는 늦게 되면 미리 이야기해 주면 좋겠어요."라고, 그 말에 내가 바라는 남편의 반응은 '미안하다. 다음에는 그렇게 할게.'입니다만, 내가 원하는 반응을 해 주면 감사한 일이고, 내가 원하는 반응을 안 해 줄 수도 있습니다. 내가 원하는 반응을 안 해 준다고 해서 화를 내야 할 이유는 없다고 생각합니다.

'나-전달'로 이야기를 하는데, 남편은 여전히, 매번, 연락 없이 늦고, 나는 화를 내고, 똑같은 상황이 반복될 수도 있습니다.
나로서는 정말 화가 나지 않을 수 없는 일입니다. 이런 경험을 통해 내가 화를 내 봐야 소용이 없다는 것을 알게 된다면, 다른 방법을 찾아 봐야 합니다.

〈상황 2〉
가족끼리 식사하는 중에 자녀가 핸드폰을 봅니다. 나중에 보라고 해도 대답만 할 뿐 계속 핸드폰만 봅니다. 부모 말을 무시하는 것 같아 화가 납니다.
"야! 그만 보라고 했지!"
"엄마(아빠) 말이 말 같지 않아?"
"넌 도대체 뭐가 되려고 말을 그렇게 안 들어 처먹니?"
"핸드폰에서 밥이 나와? 떡이 나와?"
"핸드폰 확 부숴 버린다!"

"핸드폰 내 놔! 압수야. 오늘부터 너 핸드폰 없앨 줄 알아." 등등…….

자녀를 야단치고 협박을 해 봐야 소용이 없습니다. 자녀와의 관계만 나빠질 뿐. 화를 내서 내게 도움이 되는 상황이라면 화를 내야 하겠지만, 이런 경우 화를 내 봐야 아무 도움이 되지 않는다고 판단이 되면, 화를 표현하지 않아야 됩니다.
물론 사람마다 생각이 달라서, 자녀를 위해 자녀에게 화를 내야겠다고 생각해서 화를 내는 것에 대해서는 그분의 선택을 존중합니다.
한 박자 쉬면서, 어떻게 표현을 해야 할지 생각하고, '나 전달법'으로 자녀에게 이야기합니다.

"오랜만에 가족끼리 식사를 하는데, 네가 핸드폰만 보고 있으니, 엄마(아빠)가 속상하네. 밥을 먹고 나서 핸드폰을 했으면 좋겠는데."
"재미난 걸 하나 보네. 밥보다도 핸드폰이 더 좋은가 보구나! 하지만, 지금은 가족끼리 식사하는 시간이니까 나중에 할 수 있겠니?" 혹은, "나중에 하면 좋겠는데, 나중에 하자!" 등등…….

사실 자녀 입장에서는 밥 먹는 것보다도 핸드폰을 하는 것이 더 좋을 수 있습니다. 우리는 앞으로 평생 핸드폰과는 떨어져서 지낼 수는 없습니다. 핸드폰을 해도 좋은 경우와 하면 안 되는 경우에 대해서 알려 주는 것이 더 바람직할 것이라 생각합니다.

나－전달법

1. 있는 그대로의 사실이나 상황

2. 내가 받은 영향

3. 나의 느낌, 바람 등

🖤 입장 바꿔 생각하기(Position Change) 1

큰아이가 중학교 1학년 때 이야기입니다.

그 당시 저희는 시골에서 살았고, 큰아이가 학교에 가려면 아침 일찍 일어나 밥 먹고 이른 시간에 버스를 타야 했습니다. 매일 아침, 아이를 깨워야 하는데, 아이가 금방 일어나지 않았습니다. 아이가 알아서 일찍 일어나면 좋을 텐데, 매일 깨워야 일어나니, 항상 화가 났습니다.

처음 서너 번은 부드럽게 이야기하다가, 아이가 일어나지 않으면, 큰소리로 협박까지 해 가면서 깨웠습니다. 남편은 그 모습을 보면서, 애 하나 제대로 깨우지 못한다고 저를 탓했습니다.

그런 남편을 보면, 화가 머리끝까지 났습니다.

'아니, 그럼 못 깨우는 나더러 애를 깨우라 하지 말고 잘 깨우는 자기가 하던가, 자기는 깨우지도 않고' 속으로 생각했습니다.

화가 난 나는 더 큰소리로 일어나라고 하고, 남편도 화를 내며 아이를 깨웠습니다. 그 소리를 들은 아이는 일어나서 화장실로 들어가며 문을 '꽝' 닫았습니다. 자기도 화가 난다는 것이겠지요. 그 모습을 째려보다가, '아휴~' 한숨을 쉬고 아침 준비를 했습니다.

주말을 빼고 똑같이 벌어지는 아침 풍경이었습니다. 정말 지겹고 화나는 일이었습니다. 그 당시에는 뭐 별다른 뾰족한 다른 방법을 찾을 수가 없었습니다. 아침마다 그럴 수는 없는 일이었습니다.

그러던 중에 대학원(가족치료전공)에 진학을 했습니다. 어느 날 교수님께서 수업 중에 제게 질문을 하셨습니다.
"요즘 달라졌으면 하는 게 있나요?"
저는 대수롭지 않게 아침에 아이 깨우는 일에 대해 말씀을 드렸습니다. 아침마다 짜증나고 화나는 일이라고, 좀 달라졌으면 좋겠다고.

교수님께서 제 이야기를 들으시더니, "아이가 아침잠이 많나 보네요. 아이는 어떤 마음일까요?"라고 질문을 하셨고, 저는 잠시 생각을 했습니다. '아침이면 **당연히** 일어나서 학교에 가야 하는 건데, 아이 마음이라니?' 그래도 교수님께서 질문을 하시니, 아이 입장에서 생각을 해 보니, 아이는 더 자고 싶을 거라는 생각이 들었습니다. "더 자고 싶겠죠."라고 대답을 했습니다. 아이가 더 자고 싶은 마음을 읽어 주면 어떻겠냐고 하셨습니다.

어리석게도 저는 아이도 마음이 있다는 것을 그때 알았습니다. 아이도 자기감정이 있고, 자기 생각이 있다는 것을, 아이 입장이 있다는 것을 그때 알았습니다. 아이는 부모의 말을 **당연히** 잘 들어야 하고, 순종해야 한다고만 생각을 했었습니다.

뒤통수를 한 대 맞은 느낌이었습니다.

저는 이 문제를 해결하기 위해서 아침에 아이를 깨울 때, 조금씩 연습을 하던 '나-전달'을 사용하여, 아이의 감정도 읽어 주면서 아이의 입장에 대해 생각하며 깨우기 시작했습니다.

엄마: ○○야, 일어나야지!

(일어날 시간임을 알려 줌)

○○야, 일어날 시간인데, 더 자고 싶구나! 좀 더 자고 싶니?

(더 자고 싶어 하는 마음을 읽어 줌)

지금 ○시인데, 언제 깨워 줄까?

(일어날 시간을 선택할 수 있도록 해 줌)

〈아들에게 선택할 수 있도록 함〉

아들: 네, 10분만 더 자고 싶어요. (아이가 선택을 함)

엄마: 그래, 알았다. 10분 후에 깨워 줄게.

10분 후,

엄마: (○○야, 10분 지났어, 일어나야겠는데, 지금 안 일어나면, 지각할 것 같은데 등등 있는 상황을 그대로 말해 줌)

아들: 좀 더 자고 싶어요.

(자기 생각을 말함)

엄마: 그래. 몇 분 후 깨워 줄까?
(자고 싶다는 아이의 마음을 받아 주고, 다시 일어날 시간을 선택하도록 함)

시간이 흐른 후,

엄마: 아들, ○분 지났다.
(있는 상황을 그대로 말해 줌)
아들: 네. (일어남)

아이의 입장, 더 자고 싶어 하는 마음을 알아주고, 부드럽게 말을 하니, 저도 화내지 않고 아이를 깨울 수 있었습니다. 물론, 아이도 짜증을 안 내게 되었습니다. 남편의 잔소리도 없어졌습니다. 더 자고 싶어 하는 아이에게 화를 낼 이유는 없습니다. 아이는 자고 싶어 할 뿐이고, 엄마는 깨워서 아침밥 먹이고, 지각하지 않게 하기 위해 아이에게 화를 내며 일찍 서두르라고 하는 것이고, 둘의 입장이 다르기에 화를 낼 수도 있겠지만, 아이에게 화를 내서 관계를 해치는 것이 오히려 더 안 좋은 것은 아닐까 하는 생각이 듭니다.

제가 상담 현장에서 만난 부모님, 어머님들의 경우,
'아침밥은 꼭 먹어야지요. 아이가 배고프잖아요.'
'지각하면 안 되잖아요.'
'우리 애가 늦어서 선생님에게 야단을 맞으면 어떡해요?'라는 생각으로 아침마다 아이를 깨우느라고 아이에게 짜증을 내고 화를 내는 상황들을 경험하고 있었습니다. 그리고 아이에게 화를 냈다는 것에 대해 아이들을 학교에 보내 놓고 나서 미안해하고, 죄책감을 느끼고, 다음 날 아침에는 또다시 아이를 깨우느라 아이에게 짜증내고 화를 내고 하는 것을 반복해서 하고 있었습니다. 제가 경험했던 것처럼.

엄마의 '~하지 않으면 안 된다'는 생각은, 규칙은 본인도 힘들게 하고, 상대방도 힘들게 하는 결과를 가져오기도 합니다. 아침밥을 안 먹는다고 어떻게 되지는 않습니다. 배가 고프면, 먹을 것이고, 먹지 말라 해도 먹을 것이고, 배가 고프지 않다면 안 먹을 것이고, 밥이 싫다 하면, 식사 대용의 간단한 다른 것을 줄 수도 있고, 아침을 먹는 것 자체가 속이 부대껴서 싫을 수도 있습니다.

아침밥을 먹이려고 하는 이유는 우리 아이가 덜 먹어서 성장이 더디지는 않을까 하는 염려 때문이겠지만, 아이 셋을 키우다 보니, 억지로 먹이려 해도 안 먹을 아이는 안 먹고, 먹지 말라고 해도 먹는 아이는 먹습니다.

좀 더 다른 부분으로 확장해서 말하자면, 공부할 아이는, 공부를 좋아하는 아이는 시키지 않아도 밤을 새워 가며 공부하고, 공부에 관심이 없는 아이는, 공부가 싫은 아이는 아무리 잔소리를 해도 시험 기간임에도 불구하고 잠만 잘 잡니다. 억지로 해서 되는 일이 아니라는 것을 알게 되었습니다.

사회생활을 하면서 지각을 안 하는 것 물론 중요합니다만, 아이들이 어렸을 때, 학교에 지각하는 경험을 한두 번 해 보게 하는 것도 나쁘지는 않다고 생각합니다.

'지각을 하니 어떤 느낌이고, 어떤 상황이 벌어지는구나!'를 경험할 수 있는 기회를 엄마가 굳이 빼앗을 이유는 없다고 생각합니다. 물론, 가정마다 차이는 있겠지만.

아이가 선생님에게 야단을 맞는 건 아이가 맞는 거지, 내가 야단을 맞는 건 아닙니다. 아이가 야단을 맞는 것이 곧 내가 야단을 맞는 것으로 생각이 된다면, 이는 비합리적인 생각이 아닐까요? 물론, 기분이 좋을 리는 없습니다만, 아이가 잘못한 부분이 있고, 그 부분에 대해 적절한 야단은 아이의 미래를 생각한다면, 득이 될 수도 있지 않을까 생각합니다.

사람마다 자기의 입장이 있습니다. 내 입장, 내 생각이 있는 것처럼, 상대방도 상대방의 입장이 있고, 생각이 있습니다.

'역지사지(易地思之)'란 말을 아실 겁니다. 많은 경우, 상대방의 입장을 생각하다 보면, 상대방을 이해하게 되고, 감정이 누그러지는 것을 경험합니다. 그런데, 이런 경우도 있습니다.
아예 마음 문이 열리지 않아 상대방의 입장을 이해하고 싶지 않을 때도 있습니다. 아예, 마음 문을 열고 싶지 않을 수도 있습니다.

그럼, 그냥 지낼 수밖에요.
억지로 안 되는 것은 안 되니까.
그냥 두고 볼 수밖에요.

그냥 기다릴 수밖에요.

시간이 지나다 보면, 어느 순간, 상대방을 이해하게 되기도 하고, 이해 못하게 될 수도 있겠지요.

참 다행인건, 아무리 불같았던 감정들도, 분노들도, 시간이 지나면, 잦아들기도 하고, 잊히기도 하고, 편해지기도 한다는 겁니다.

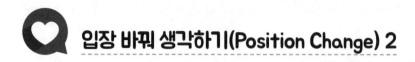

입장 바꿔 생각하기(Position Change) 2

제 경험으로는 입장 바꿔서 생각한다는 것은 좋기도 하고 나쁘기도 한 것 같습니다. 상대방에 대한 공감 능력은 정말 높아집니다. 그러나 상대방을 비난하고 싶을 때, 상대방의 입장을 이해하게 되면 상대방을 비난할 수가 없게 됩니다. 그럴 수밖에 없겠다는 생각이 들면, 상대방을 이해하게 되고 공감하게 됩니다. 그래서 상대방에게 화가 많이 나는 상황임에도 불구하고 때로는 이해하고 넘어가기도 합니다.

남편이 더덕구이를 좋아합니다.
양평시장은 3일, 8일이 장날이라, 장날을 이용해서 더덕을 삽니다. 할머니들께서 더덕 껍질을 까서 파는 것도 있고, 껍질째 파는 것도 있습니다. 아시다시피 더덕 껍질을 까는 것이 번거로우므로 할머니들에게서 껍질을 제거한 것을 주로 삽니다.
그런데, 어느 설 지난 장날에는 더덕을 팔던 할머니들께서 약속을 하셨는지 한 분도 나오지 않으셨고 껍질째 파는 아주머니 한 분만 나오셨습니다. 살까 말까 망설이다가 남편이 먹고 싶다고 하니 샀습니다. 양이

제법 많아서 더덕 껍질을 까는 것이 번거롭더라도 앞으로 껍질을 간 것
보다 껍질째 있는 것을 사야겠다고 생각을 했습니다. 더덕 상태가 몇
번은 괜찮았는데, 어느 날 산 것은, 산 것 중에 삼분의 일은 버려야 할
만큼 상태가 좋지 않았습니다.

그래도 껍질을 간 것보다 가성비가 괜찮았기에 다음 장날 더덕을 사러
갔습니다. 지난번에 사간 것이 상태가 안 좋으니 내가 골라서 담을 수
있는지 아주머니에게 물어봤습니다. 아주머니께서는 단호하게 그렇게
하면 팔수가 없다고 큰소리로 말씀을 하셨습니다. 자기도 남는 게 있어
야 하는데, 다 골라 가면 자기가 손해라고 말씀을 하셨습니다.

순간, 화가 올라왔습니다.

부드럽게 대답해 줘도 되는데, 큰 소리로 비난하듯이 나무라듯이 말을
하는 모습에 화가 났습니다. 그리고 물건을 파는 사람이 먹을 수 있는
것을 팔아야지 사 가서 먹지도 못하고 버릴 수밖에 없는 것을 판다는
것에 화가 났습니다.

'한 박자' 쉬면서 생각을 했습니다.

'그래, 미정아! 네가 화가 나는구나! 화날 만하다.

부드럽게 얘기해도 되는데 저렇게까지 할 필요는 없는데, 내가 이 상황
에서 화를 내면 내게 무엇이 도움이 되지? 도움이 될 게 없네. 다시는
이 집에서 물건을 안 사면 그만인 거지.'라고.

더덕을 파는 곳은 많고 앞으로 저는 친절한 곳에서 더덕을 사기로 마음
먹었습니다. 그분은 단골이 되어 가는 고객 한 명을 놓쳐 버리는 상황

이 된 것입니다.

그날, 그렇게 시장을 보고 돌아오면서 그 아주머니의 입장에 대해 생각해 봤습니다. 그분도 더덕을 도매로 사 올 때 상태가 좋은 것만 가져올 수 없었을 거라는 생각, 그분도 상태가 안 좋은 것에 대해 대가를 다 지불했다는 생각, 그분 입장에서는 장사를 하는 것은 이윤을 남기려고 하는 것인데, 자신은 대가를 다 지불한 것에 대해 손해를 보고 물건을 팔 수는 없겠다는 생각이 들었습니다.

물건을 사는 입장에서는 상태가 좋은 것만 사고 싶고, 파는 쪽에서는 손해를 보고 싶지 않고, 그분 입장에서 생각해 보면 상태가 좋은 것만 골라서 사겠다는 것에 대해 화가 날 수도 있겠다는 생각이 들었습니다. 화가 나니 말이 곱게 나올 리가 없었겠고.

사람마다 생각이 다르듯이 입장도 다 다릅니다.
상대방의 입장에서 생각해 보면 화가 날 일이 그렇게 많지는 않은 것 같습니다.

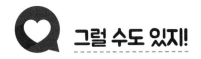

그럴 수도 있지!

나는 '그럴 수도 있지!'란 말을 좋아합니다. 물론 그럴 수 없는 일들이 일어나기도 하고, 그래서는 안 되는 일들이 벌어지기도 합니다. 여기서 '그럴 수도 있지!'는 평범한 일상을 통해 경험하는 내용들에 대한 것입니다. 내 마음 편하고자 하는 말입니다.

예전, 시골 동네에 살 때, 동네 어르신께서 정말 잘생긴 느티나무를 선물로 주셨습니다. 느티나무를 우리 집 마당에 심어 놓고 영양제도 주면서 애지중지 보살폈는데, 어느 순간부터 시들해지더니 결국은 나무가 죽어 버렸습니다. 죽은 나무에게도 미안하고, 그 나무를 주신 어르신께도 정말 죄송스러웠습니다. 나무를 죽였다는 생각은 나 스스로를 자책하게 만들었고, 나무를 죽인 나는 정말 죄인 같다고 느꼈습니다.
(내가 일부러 죽인 것도 아닌데, 비합리적인 생각을 했던 거죠.)
그러던 중에 그 어르신께서 우리 집에 오셨습니다. 그리고 그 죽은 나무를 보셨습니다.
"나무가 죽었네."

그 말씀을 듣고 쥐구멍이라도 들어가고 싶은 마음이었습니다.

"아끼는 나무를 주셨는데, 제가 잘 보살피지 못해서 죽어 버렸네요. 정말 죄송합니다."
작은 목소리로 말씀드렸습니다.

야단칠 것이라고 예상을 했는데, 그 어르신께서 하신 말씀이
"괜찮아, 그럴 수도 있지, 뭐. 사람도 죽고 사는데, 뭘."이었습니다.

예상치 못한 말씀을 듣고 나는 어쩔 줄 몰랐습니다. 그 어르신의 하신 말씀이 내 맘에 와서 '꽉' 박힌 이유는 그 어르신의 따님이 얼마 전에 자살을 해서 상심이 큰 상황이었음을 알기 때문이었습니다.

"사람도 죽고 사는데, 뭐, 그럴 수도 있지!"

아마, 다른 사람이 그 말을 했다면, 내게 의미 있는 말이 되지는 않았을 것 같습니다. 자신의 자식을 잃어버리고 나서, 죽은 나무쯤은 대수롭지 않다는 듯이 '툭' 던진 말씀이셨습니다.

동일한 상황에서 어떤 사람은, '어떻게 그럴 수 있어? 이해가 안 되네. 이해할 수가 없네.'라는 사람이 있고, 또 다른 어떤 사람은 '그럴 수도 있지!'라는 사람이 있습니다.

시간 약속을 잘 지켜야 된다고 생각하는 사람 입장에서는 약속을 안 지키는 사람이 싫을 수 있습니다. 미울 수 있습니다. 시간약속을 안 지키는 사람들은 그것이 습관화되어 있는 것처럼 항상 늦습니다. 제 주변에도 있습니다. 저는 시간 약속을 잘 지키고, 약속장소에 일찍 도착하는 편입니다. 약속을 안 지키는 사람을 대하면 처음에는 약이 올랐습니다.

'뭐, 저런 사람이 다 있나?'

'뭐야? 지 시간은 아까우면서 남의 시간은 아깝지 않은가?'

'어떻게 저렇게 매번 늦나? 미안하지도 않은가' 등등 상대방을 비난하면서 기분이 상하고 화가 나는 것을 경험했습니다.

그러다, 아예 지켜야 되는 시간보다 한 30분쯤 이른 시간으로 약속을 정해서 알려 주기도 했습니다. 그래도 늦더군요. 하도 반복이 되다 보니, 그 상황마다 화를 내고 기분이 나빠지는 저를 보며, '이건 아니다' 싶은 생각이 들었습니다.

내가 왜 저 사람 때문에 기분이 상해야 하고, 화를 내야 하지? 그냥, 저 사람은 원래 약속을 안 지키는 사람이라고 생각을 하면 내가 약 오를 것도 없고, 화낼 이유도 없다고 생각했습니다. 그 사람 입장에서는 약속을 안 지킨다는 데 대해서 그리 큰 의미를 두지도 않는 것 같은데, 그것 때문에 내가 화를 내야 할 이유가 있을까 하는 생각을 했습니다.

내가 그 사람에게, 그 상황에서 화를 내는 것이 내게 어떤 도움이 되는지 스스로에게 질문을 했습니다. 내게 도움이 되는 것은 하나도 없었습니다. 늦은 사람에게 늦은 이유를 물어보면, 물론, 나름대로 이유가 있었습니다.

그 사람과 약속을 하면, 그 사람이 약속을 지키든 안 지키든 상관없이 계획된 일을 진행합니다. 늦게 오든지 말든지 상관하지 않습니다. 그 사람 입장에서 늦는 것은 '그럴 수도 있는 일'이고, 늦어서 그 사람에게 손해나는 일이 발생하면, 그것은 그 사람의 몫인 것이고, 저 역시 그 사람이 약속을 잘 지켜 주면 좋겠지만, 그건 내 생각이고, 그 사람 생각은 다를 테니 '그럴 수도 있지'라고 생각을 합니다.

반복되는 상황에서 반복적으로 화를 내다 보니 제 스스로가 불편해서 갖게 된 생각입니다. 저 편하고자 하게 된 생각입니다.
저를 불편하게 하는 어떤 상황을 마주하게 되다 보면, 저는 습관처럼 '그럴 수도 있지, 뭐.'라고 말합니다.

죽고살기도 하는데, 그깟 약속쯤이야 하는 생각을 하는 것이지요.

아이들이 장난치다가 싸울 수도 있고,
아이들이 내 말을 안 들을 수도 있고,
아이들이 밥을 안 먹을 수도 있고,
아이들이 학교에 늦을 수도 있고,
아이들이 늦잠을 잘 수도 있고,
때로는 아플 수도 있고,
상대방이 약속을 안 지킬 수도 있고,
내가 시간 약속을 못 지킬 수도 있고,
음식점에서 내가 주문한 음식이 늦게 나올 수도 있고,

나보다 늦게 주문한 사람의 음식이 먼저 나올 수도 있고,

나랑 같이 일하는 사람이 나랑 안 맞을 수도 있고,

내가 너무 화가 나서 소리 지를 수도 있고,

내 차를 위험하게 앞지르는 차를 만날 수도 있고,

살다보면 사기당할 수도 있고,

상대방이 내 맘을 몰라줄 때도 있고,

나도 상대방의 마음을 알아주지 못해서 비난받을 때도 있고,

내가 알고 있는 모든 사람들이 나를 좋아해 주지 않을 수도 있고,

나도 누군가에 대해 욕을 할 수도 있고,

다른 누군가도 나에게 욕을 할 수도 있고,

강의가 잘 될 때도 있고,

강의를 엉망으로 할 때도 있고 등등.

수없이 많은 일들이 '그럴 수도 있는 일'입니다.

상대방의 행동에 대해 '어떻게 그럴 수 있는지, 이해할 수 없다'는 생각을 하게 되면, 화가 납니다. 때로는 내가 스스로의 행동에 대해서 이해할 수 없는 것이 있듯이, 상대방에 대해서도 이해할 수 없는 행동이 있기도 합니다. 그런 상대방의 행동이 내 감정을 조종하도록, 화가 나도록 내가 허락해야 할 필요는 없습니다. 때에 따라, 상대방의 행동에 대해 내가 다 이해해줘야 할 이유도 없고, 반대로 나의 행동에 대해 상대방에게 다 이해시켜야 될 이유도 없습니다.

어떻게 생각하고 말하는 것이 나를 편안한 상태로 만들어 줄까요? '어

떻게 그럴 수 있어? 이해가 안 되네.'란 생각과 말, '그럴 수도 있지, 뭐.'
라는 생각과 말.

그럴 수도 있다고 생각하면, 내 마음이 편해집니다. 습관처럼, '그럴 수
도 있지! 뭐.'라고 말하기 시작하면 화가 날 일이 아주 많이 없어집니다.

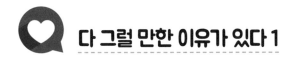

다 그럴 만한 이유가 있다 1

누구도 아무런 이유 없이 화를 내지는 않습니다. 알고 보면 다 그럴 만한 이유가 있어서 화를 냅니다. 내가 화를 낼 때, 아무 이유 없이 화를 내는 것이 아닌 것처럼, 상대방도 이유가 있어서 화를 냅니다.

NLP(Neuro-Linguistic Programming: 신경언어프로그래밍)에서 말하는 전제 중에 '사람은 누구나 그 당시에 할 수 있는 최선을 선택한다'는 말이 있습니다.

내가 어떤 행동을 할 때, 나름대로 이유가 있어서 선택을 합니다. 물건 하나를 사더라도 신중하게 생각해서 선택을 합니다. 음식점에서 음식을 주문할 때도 그렇습니다. 상대방이 어떤 행동을 할 때도 마찬가지입니다. 나름대로 어떤 '이유'가 있어서 그렇게 행동을 합니다.

내가 보기에 하찮은 것 같지만, 다른 사람의 그 행동에는 나름대로 이유가 있습니다.

예전에 어느 강연회에서 들은 이야기입니다.

어느 아빠에 관한 이야기입니다.

어느 날 아빠가 일을 끝내고 피곤한 몸으로 집에 돌아왔습니다. 너무나도 피곤하여 침대 위에 그대로 몸을 날렸습니다.

그런데 잠시 뒤, 등이 젖어 왔습니다. 놀라서 침대 이불을 젖혀 보니 그 이불 안에 컵라면이 놓여 있었습니다. 아빠는 머리끝까지 화가 나서 곤히 자고 있던 아들을 깨워서 때리면서 야단을 쳤습니다.

왜 시키지도 않은 일을 했냐고,

누가 너 보고 이런 거 하라고 했냐고,

왜 너까지 나를 이렇게 힘들게 하냐고,

아들은 울면서 맞을 수밖에 없었습니다.

사실, 아빠와 아들은 둘뿐이었습니다.

아내는, 엄마는 얼마 전에 하늘나라로 갔고,

아빠는 혼자서 어린 아들을 돌보고 있었습니다.

아내 없이 혼자서 일하면서, 살림을 하고, 아들을 돌본다는 것이 쉬운 일은 아니었을 겁니다.

며칠 뒤, 아빠는 아들 방 청소를 하다가

아들의 일기를 읽게 됩니다.

일기에는 이런 내용이 있었습니다.

'아빠가 일하시고, 나를 돌보시느라 힘드시겠다.

오늘도 늦게 오시는데, 배가 많이 고프시겠다.

아빠를 위해서 컵라면을 끓여 놔야지.

컵라면이 식으면 안 되는데 어쩌지?

컵라면이 식지 않게 이불을 덮어 놔야겠다.'

그래서 아들은 아빠를 위해 컵라면에 뜨거운 물을 부어서 식지 않게 하느라 이불을 덮어 놓았다는 겁니다.

그 일기를 읽고 아빠는 얼마나 울었는지 모른답니다.

그 이야기를 처음 들었을 때, 아빠와 아들에 대한 안타까운 마음이 들어서 저도 눈물을 흘렸습니다.

아빠 입장에서 볼 때, 여러 가지로 힘든 상황에서 생각지도 않은 일을 접하게 되니 화가 많이 났을 것입니다. 그래서 자고 있던 아들까지 깨워서 때리면서 화를 낸 것이구요. 아들이 컵라면을 침대 위에 놓고 이불을 덮어 놓은 것도 나름대로 이유가 있어서였습니다.

잠시만, '한 박자 쉬고~' 여유를 갖고 '이렇게 행동을 한 이유가 뭘까?' 생각해 봤다면, 아빠가 아이에게 그렇게까지 화를 내지는 않았을 것이라는 생각이 듭니다. 오히려 그렇게 해 준 아들에 대해 고마움과 미안함을 느낄 수 있는 상황이 될 수도 있지 않았을까 하는 생각이 듭니다.

사람이 어떤 행동을 하는 데는 나름대로 이유가 있습니다.
그 이유를 알고 화를 내도 늦지 않습니다.

다 그럴 만한 이유가 있다 2

대학원에 다닐 때, 이마고 부부 이론에 대한 강의를 한 학기 동안 들은 적이 있습니다. 교수님께서 과제를 내 주셨는데, 남편을 인터뷰 해 오라는 것이었습니다.

인터뷰 내용은, 남편의 부모님의 장단점이 무엇인지, 어렸을 때, 아버지에게 원했었던 내용, 어머니에게 바랐던 내용이 무엇이었는지, 부모님으로부터 어떤 상처를 받았는지 등등에 관해 조사해서 오라는 것이었습니다.

그 당시 결혼하고 10여 년이 지났을 때였는데, 남편과 그런 내용으로 대화를 나눈 적은 한 번도 없었습니다. 왜 그런 이야기를 나누지 않았는지는 모르겠지만, 암튼 저희 부부는 그런 내용의 대화를 나눈 적이 없었기 때문에 나름대로 궁금하기도 해서 맘에 드는 과제였습니다. 과제니까 남편에게 솔직하고 진실 되게 말을 해 줘야 한다고 했고, 남편은 협조를 잘 했습니다.

결혼하고 나서 남편이 저를 정말 힘들게 하는 것이 하나 있었는데, '밥'이었습니다. 배고픈 것을 못 참고, '밥' 하면 제가 바로바로 차려서 줘야 했고, 똑같은 반찬이 두 번 올라오면 짜증을 냈습니다. 뭔가 특별한 반찬, 정성들인 음식이 끼니때마다 한 가지 정도는 있어야 했고, 그렇기 때문에 한 끼 식사가 끝나면 '오늘은 뭘 먹지, 뭐 하지?' 생각하며 끼니 때마다 스트레스를 받았습니다.

대체로 남편이 원하는 대로 해 주었는데, 저도 아이 키우면서 몸이 힘들 때도 있고, 바로 식사준비가 안 되기도 했는데, 그럴 때 남편이 짜증을 내면, 저도 화가 났습니다.

'아니, 아프리카에서는 굶어 죽는 사람도 있고, 북한 사람들도 힘들게 사는데, 한 끼 먹는 게 뭐 중요하다고 대충 먹을 때도 있지, 왜 그러는지 모르겠다.'고 속으로만 생각했습니다.

화가 났지만, 참았습니다. 내가 참지 않고 화를 내면 남편의 목소리가 더 커질 것을 알기에 참았습니다.

지금 생각해 보면, 좋게 제 감정, 생각을 이야기했어도 되는 거였는데, 그때는 그랬습니다. 어른인 남편이 왜 그렇게 '밥'에 집착을 하는 건지 도대체 이해가 안 갔습니다. 어른이라는 생각이 들지도 않았습니다.

도저히 이해가 되지 않았던 그 부분을 과제를 하면서 이해하게 되었습니다.

시아버지께서는 남편이 열한 살 때 돌아가셨습니다. 몸이 아파서 몇 년 동안 누워 계셨고, 병원비, 약값으로 재산은 다 없어졌고, 마흔이 안 되신 어머님께서는 여덟 명의 자식을 책임져야 하는 가장이 되셨습니다.

어머님께서는 새벽 같이 일어나셔서 일을 다니셨고, 밤늦게 집에 돌아오셨다가 집안일하시고 잠시 주무셨다가 다시 새벽에 일을 나가시고 하는 반복된 시간들을 보내셨습니다. 자식들을 굶게 하지 않으시려고 정말 고생을 많이 하셨답니다. 남편은 형제 중에 다섯 번째이고, 아래로 동생이 세 명 있었습니다. 학교 갔다 오면, 어머니께서 일하러 나가셨기 때문에 안 계셨고, 어린 남편이 집안일을 하고, 동생들을 씻기고 밥을 해서 먹이고 돌보았다고 합니다. 본인도 어린 나이인데 본인보다 어린 동생들을 보살폈다고 합니다.

남편은 친구 중 한 명을 유난히 부러워했다고 합니다. 이 친구는 학교 끝나고 집에 가면, 엄마가 따뜻하게 맞아주고, 맛있는 밥을 해 주었답니다. 친구의 그런 모습이 엄청 부러웠다고 합니다. '엄마가 집에 있고, 맛있는 밥을 해 주었으면 좋겠다.'는 생각을 했답니다. 그런데, 현실은 그러지 못했고 그런 부분이 상처라고 표현하기는 좀 그렇고, 나름대로 아쉬움이 있다고 했습니다.

그 이야기를 들으면서 어린 남편의 모습을 생각하니 마음이 짠해졌습니다. '밥'에 집착하는 남편이 왜 그랬는지 이해가 갔습니다. '밥'이 남편에게는 어머니의 사랑이고, 정성껏 차린 '밥'은 자신을 존중해 주는 것이었습니다. '밥'에 소홀하면, 사랑받는 느낌이 아닌, 존중받는 느낌이 아닌, 자신을 소홀히 대한다는 느낌으로 받아들여질 수 있겠다는 생각이 들었습니다.

"아! 그래서 그랬구나!"

나름대로 이유가 있어서 그런 거였구나! 라는 생각이 들었습니다. 알고 보면, 다 그럴 만한 이유가 있습니다. 그럴 만한 이유를 알게 되면, 굳이 화를 낼 필요가 없다는 것을 알게 됩니다.

상대방의 입장에서는 화가 날 만한 일이기에 화를 내는 것이니까요.

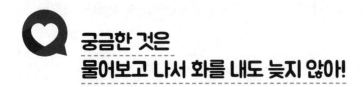

궁금한 것은
물어보고 나서 화를 내도 늦지 않아!

우리는 의사소통을 할 때, 왜곡해서 받아들이고 오해를 하고, 왜곡해서 받아들인 것이 사실처럼 생각되어서 그것이 진실인 양, 왜곡된 것에 대해 반응을 하기도 합니다.

'저 사람이 내게 그렇게 말하는 것은 나를 싫어해서 그러는 거야.'
'나를 쳐다보는 눈빛은 나를 무시하는 눈빛이야.'
누군가에 대해 이렇게 단정 지어서 생각을 하게 되면, 상대방의 의사와는 상관없이 그 사람은 '나를 싫어하는 사람'이 되고, 그 눈빛은 '나를 무시하는 눈빛'이 되어 버립니다.

상대방에게 나를 싫어하는지 물어보는 것이 우선되어야 하고, 나를 무시하는 눈빛으로 보고 있는 건지 물어보는 것이 우선이 되어야 합니다.

나를 싫어하든가 말든가, 그렇게 보든가 말든가 상관이 없는 사람이라면 어떻게 생각을 해도 괜찮겠습니다만, 나와 상관이 있고, 관계를 지속해야 할 사람이라면, 내가 그 사람을 그렇게 생각하고 있다는 것에 대해 마음이 불편합니다.

상대에게 궁금한 것이 있으면 혼자서 추측하거나 오해하지 말고 상대방에게 물어보는 것이 좋습니다. 보통 어느 상황에서 상대방에 대해 추측을 할 때, 긍정적인 내용으로 추측하지는 않는 것 같습니다. 부정적인 내용으로 지레짐작 추측을 하고 그 추측을 진실인 것처럼 받아들이고, 그것을 바탕으로 상대방을 대하게 됩니다.

부정적인 면으로 추측을 하고 상대방을 대하니 내 말이나 행동이 상대방에게 좋게 비춰질 리 없고, 상대방은 나에게 불쾌한 감정을 갖게 되고, 상대방도 역시 나의 행동에 대해 지레짐작으로 추측하고, 자신을 방어하는 말과 행동을 하게 되고, 그런 행동은 다시 상대방에게 왜곡되어 전해지고, 상대방을 비난하는 상황이 반복되기도 합니다. 처음 지레짐작으로 추측을 한 사람은 자신의 추측이 맞았다고 확인을 하는 상황이 되고 둘의 관계는 점점 악화될 수밖에 없습니다.

내가 상대방의 말이나 행동에 대해 왜 그런 행동을 했는지 궁금해 하는 것은 그 상대와 잘 지내고 싶은 마음에서 나오는 것이라 생각합니다. 좋은 관계를 유지하고 싶고, 잘 지내고 싶고, 그 상대에게 잘 보이고 싶고, 인정받고 싶고, 가까워지고 싶은 마음이 있기 때문이라고 생각합니다.

어떤 사람의 말이나 행동에는 신경이 안 쓰이지만, 어떤 사람의 말이나 행동에는 신경이 쓰입니다. 둘의 차이는 무엇이냐? 나와 상관이 없는 사람의 행동이나 말에는 신경이 안 쓰입니다. 신경이 쓰인다고 해도 잠시뿐 그것이 오래 남아 있지도 않습니다. 나와 상관이 있고, 상관이 있으니까 잘 지내고 싶은 마음에서 나오는 것입니다.

혼자 지레짐작으로 추측하고, 오해해서 속을 끓이는 것보다, 궁금한 것이 있으면 상대방에게 물어보고 반응을 하는 것, 그래도 늦지 않습니다. 상대방이 왜 그런 행동을 했는지 알고 나서 화를 내도 늦지 않습니다. 상대방의 행동에 대해 화가 나더라도 왜 그런 행동을 했는지에 대해 먼저 물어보고 나서 화를 내도 늦지 않습니다.

'내가 볼 때, 내 생각에는, 당신이 이러저러하는 것 같은데, 무슨 이유가 있나요?'라고요.

쉬운 예를 들자면, 추운 날 누군가 문을 활짝 열어 놓았을 때, 문을 열어 놓은 것을 보고 난방비 걱정을 하는 사람은 화가 날 수 있습니다.
'누가 문을 열어 놨어?'
'누가 문을 열래?'
'추운데 왜 문을 열어 놔?'가 아니라, '왜'라는 말을 듣는 사람은 비난받는 느낌을 가질 수 있습니다. 문을 열어 둔 사람은 나름대로 이유가 있어서 열어 놓을 수 있으므로, 우선 상대방에게 물어보고 나서 화를 낼 것인지 아닌지 판단을 하고 화를 내도 늦지 않는다는 것입니다.
'나-전달법'과 함께 사용하시면 도움이 됩니다.

'누가 문을 열어 놨네. 무슨 이유가 있나?'
문을 열어 둔 사람이 대답을 할 것입니다.
'음식 냄새가 나서 잠시 열어 놨어요.'
'공기가 탁해서 환기시키느라 잠시 열어 놨어요.' 등등

'말하지 않아도 알아!'란 CF송이 있었습니다. 말하지 않아도 아는 부분
이 있기도 하겠지만, 제 경험으로는 말하지 않으면 모른다는 것입니다.

화를 내기 전에 '한 박자 쉬고',
상대방에게 궁금한 것을 물어보고 나서
화를 내도 늦지 않습니다.

'이러저러한 것은 어떤 이유에서 그런 건가요?'
'이러저러한 것은 무슨 이유가 있나요?' 이렇게요.

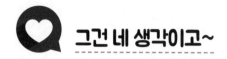

그건 네 생각이고~

몇 년 전에 재미있는(?) 경험을 하였습니다. '나'는 똑같은 '나'인데, 여느 때와 다름없이 생각하고 말하고 행동을 하는데, 새로 알게 된 사람에게 '나'라는 사람이 되게 이상한 사람이고, 못난 사람이고, 형편없는 사람으로 비춰지는 경험을 하였습니다. '이게 뭐지'라는 생각과 함께 화가 엄청 났습니다. 자다가도 벌떡벌떡 일어났고, 속이 답답했고, 울음이 나오기도 했습니다.

'내가 왜 그 사람에게 그런 취급을 받아야 하는 건지, 자기가 뭔데 나를 이 지경까지 만드나?'라는 생각도 들었습니다. 나름대로 '한 박자 쉬고~'를 하면서 감정 조절을 잘 하면서 살고 있었는데, 이정도면 잘 하고 있다는 생각을 하면서 스스로 만족스럽게 생활을 하고 있었는데, 그동안 잘해 왔던 분노 조절이 제대로 되지 않는 경험을 하게 된 것입니다.

제대로 감정 조절을 못하게 된 것에 대해 더욱더 화가 났습니다. 내가 어떻게 해서 여기까지 왔는데, 한 순간에 무너지는 느낌을 갖게 되니

미칠 것처럼 화가 났습니다.

누군가가 나에 대해 적대감을 대놓고 표현하는 것을, 지금까지 살아오면서 경험하지 못했던 것을 경험하였습니다.

암튼, 몇 개월 동안 정말 힘들었습니다.
'내가 뭘 잘못한 거지? 잘못한 것이 있다고 해도 이건 아니지!
자기 맘에 안 든다고 해서 이러는 건 아니지!', 마음이 너무 불편한데 싸울 수도 없고, 싸운다고 해서 받아들일 사람도 아니고, 말이 통하는 사람도 아니고, 자기 말이 다 옳고, 다른 사람의 말은 다 틀린 것이라 생각하는 사람인데, 거기다 대고 뭐라 할 수도 없고, 안 볼 수 없는 상황이고, 차라리 안 봐도 되는 사람이라면, 화가 나지도 않았을 테지요. 안 보고 살면 되니까요.

어쩌지 못한 상황이 계속되면서 가슴에 '불'을 안고 사는 것 같았습니다. 너무나도 제 스스로가 불편해서 이 문제를 해결하지 않으면 안 되겠다고 결심을 하고, 어떻게 해야 할지에 대해, 방법에 대해 생각을 했습니다. 정말 편해지고 싶었습니다.

그 사람과 나는 다르다. 달라도 너무 다르다. 생각도 다르다. 그 사람이 나를 자기 맘에 들어 하지 않는다고 해도 그건 어쩔 수가 없다. 그 사람이 나를 못마땅하게 생각을 한다고 해도 그건 어쩔 수가 없다. 그 사람이 나에 대해 긍정적으로 생각해 주면 좋겠지만, 그건 내 생각이고, 나에 대해 부정적으로 생각하는 것은 '그 사람 생각'이고, 왜 나는 그 사람이 나를 보는 견해에 대해서 무방비 상태에서 동의를 했을까? 그 사람 생각에 따라 내가 형편없는 사람이 되거나 혹은 그 반대의 사람이 되는 것은 아닌데 등등의 생각을 하였습니다.

또한, 내가 그 사람에게 인정을 받아야 할 이유도 없고, 그 사람이 나를 인정해 주지 않아도 되는데, 그 사람이 뭐라고 신경을 쓰고 스트레스를 받아야 하는지, 내게 무슨 도움이 된다고 그러는지 등등에 대해 생각을 했습니다.

그냥 '나'는 '나'인데…….

이런 저런 생각을 한 후에, 내 마음이 불편하니까 되도록 만나지 않는 것을 선택했습니다. 마음이 불편하다면, 당분간 안 보고 사는 것도 하나의 방법이 될 수 있겠다는 생각이 들었습니다. '꼭 보고 살아야 된다.'는 것도 나의 가치 기준에 지나지 않는다는 것을 생각하는 계기가 되었습니다.

나와 만나는 사람들 모두가 나를 좋아해 주면 좋겠지만, 그건 '내 생각, 내 바람'이고, 나에 대해 부정적으로 생각할 수도 있고, 그렇게 생각하는 것은 '네 생각'이고, 그런 '네 생각'에 굳이 내가 동의를 해야 할 필요는 없다고 생각합니다.

누군가 나에 대해,

내가 동의할 수 없는 말이나 행동을 하거든,
'그건 네 생각이고~' 분리해서 말을 하면,
말할 수 없는 상황이라면 마음속으로도 말을 하게 되면,
마음이 불편한 것으로부터 나를 지켜 낼 수가 있습니다.

'그건 네 생각이고~'
내가 네 생각에 동의해 줘야 할 이유는 없습니다.

제가 화가 났던 것은 상대방이 나에 대한 생각, '이상한 사람이고, 못난 사람이고, 형편없는'이라는 생각에 나도 모르게 아무 의식 없이 동의를 해서였습니다. 사실 나는 그런 사람이 아닌데, 그 사람의 생각에 동의를 하고 나니, 화가 난 것이었습니다.

아마도 그동안은 주변에 정말 좋은 사람들이 많아서 그런 것을 경험하지 못하다 보니, 제 스스로를 보호하고 지켜야겠다는 생각을 못해서였을 것이라는 생각이 들었습니다.

내가 나를 보호하고 지키는 것은,
나를 위한 일입니다!
괜찮은 일입니다!

그 누구라도 나에 대해 내가 원하지 않는 언행을 하거든, '그건 네 생각이고'를 말하는 것, 그렇게 생각하는 것은 감정 조절을 잘 할 수 있는 방

법이 됩니다. 제 경험으로는.

그러거나 말거나 '네 생각' 때문에 '내'가 휘둘릴 필요는 없습니다. '나'는 '나'이기 때문입니다.

'너는 어떠어떠한 사람이야'라고 상대방에 대해 단정적으로 말을 하는 사람들이 있고, 상대방이 말하는 것에 대해 아무 비판 없이 '그래, 나는 그런 사람이야.' 받아들이게 되면, 나는 그런 사람이 되려고 하고, 그 틀에 맞추어 살려는 경향이 생기는 것을 상담 현장에서 많이 보게 됩니다. 나는 그런 사람인가 보다 하고 받아들이면, 그런 사람이 되려고 노력을 하게 되고, 사실은 그렇게 하고 싶지 않은데도 불구하고 그렇게 하려다 보니 힘든 자신을 보게 되는 경우도 있습니다.

'너는 참을성이 없는 사람이야'
'너는 성격이 너무 급해서 탈이야'
'너는 너무 게을러'
'너는 거절을 못하는 사람이야'
'너는 착한 사람이야'
'너는 한 사람이라도 적을 만들면 안 돼'
'너 같은 게 뭘 할 수 있겠니? 넌 아무것도 못 해' 등등

누구든 이런 면도 있고, 저런 면도 있습니다. 어떨 때는, 어떤 부분에서는 참을성이 있지만, 어떤 부분에서는 참을성이 없기도 합니다. 어떨

때는 게으르기도 하고, 어떨 때는 부지런하기도 합니다. 살다 보면 원하지는 않지만 적을 만들기도 합니다. 살다 보면 거절을 해야 할 때도 있습니다.

나도 나를 다 알지 못하는데, 누군가 나에 대해 평가하는 말을 하거든, 내가 원하지 않는 말을 하거든 동의하지 않으셔도 됩니다.

'그건 네 생각이고',
내가 나를 보호하는 것, 괜찮습니다!

어, 그래~

사람마다 생각이 다르다는 것은 누구나 알고 있습니다. 다름에 대해 인정을 해야 한다는 것도 알고 있습니다.

보통 나와 다른 사람들과는 어울리지 않는 것 같습니다. 굳이 나와 잘 맞지 않는 사람과 만나면서 에너지를 소비해야 할 이유도 없다고 생각합니다. 하지만, 가족이라든가, 직장에서 같이 생활해야 하는 경우, 상대방과 많이 다르다고 해서 안 만나고, 안 볼 수는 없는 상황이 있기도 합니다.

생각하는 것, 말하는 것, 행동하는 것이 나와 많이 다르지만, 부모 자식 간에, 가족 구성원 간에, 직장 동료들 간에, 어쩔 수 없이 보고 살아야 한다면, 마음이 많이 불편할 수도 있습니다.

'왜 저러는 거야?'
'아니, 당연한 걸 가지고 왜 그러는 거야?'

'도대체, 이해가 안 가네.' 등등의 생각을 하고. 표현을 하게 되고, 그러면서 화가 나기도 하고, 짜증나기도 합니다.

사람에 따라서, 상황에 따라서 단절하거나 일을 그만두는 것을 선택할수도 있겠지요. 하지만, 여러 가지 이유로 인해 단절을 선택하거나 일을 그만두는 것을 선택할 수 없는 경우도 있습니다. 가족을 안 보고 살수도 없고, 내가 싫어하는, 나와 많이 다른 사람이 있다고 해서 직장을 그만둘 수도 없는 경우도 있습니다.

그러면, 그런 환경 속에서 내가 편해질 수 있는 방법은 무엇이 있을까요? 어떤 사람은 그냥 상대방을 무시한다고 하고, 신경을 안 쓴다고도 합니다. 본인에게 편한 방법을 찾아서 효과적으로 대응하고 있다고 하면 다행입니다.

나와 잘 맞는 사람들과는 별 어려움 없이 잘 지낼 수 있지만, 나와 안 맞는 사람들과 의사소통을 하면서 아주 작은 사소한 것으로 싸움이 되기도 합니다. 화를 내는 상황이 벌어지기도 합니다.

주로 이런 것으로 싸우기도 하고, 감정이 상하기도 합니다.

'했다, 안 했다.'
'들었다, 안 들었다.'
'봤다, 못 봤다.'

'있다, 없다.' 등등

참 재미있는 상황입니다.

'네가 그런 말했잖아.'
'아니, 그런 적 없는데,'
'아니, 네가 그래 놓고 안 그랬다고 하면 어떡해?'
'사람 미치겠네, 내가 안 그랬으니까 안 그랬다고 하지!'
그러다 언성이 높아지고 어느 한쪽이 화를 내고 싸움을 하게 됩니다.

'그 물건이 어디 있지? 여기 있었는데,'
'아니, 거기 없었거든, 없었는데 왜 있다고 하냐?'
'내가 분명히 봤거든, 내가 봤으니까 봤다고 하지, 못 본 걸 봤다고 하겠
냐?'
'네가 잘못 본 거겠지.'
'아니, 왜 내 말을 못 믿는 거야? 무시하냐?'
그러다 언성이 높아지고 어느 한쪽이 화를 내고, 다른 한쪽도 화를 내
고 싸우게 됩니다.

말을 한 사람은 그 말을 했으니까 했다고 하는 겁니다. 말을 못 들은 사
람은 그 말을 들은 적이 없기 때문에 들은 적이 없다고 하는 겁니다. 본
사람은 분명히 봤기 때문에 봤다고 이야기하는 것이고, 못 본 사람은
분명히 못 봤기 때문에 못 봤다고 하는 겁니다. 서로가 진실을 말하고

있습니다만, 어느 한쪽은 다른 한쪽을 못 믿고, 자신의 말을 믿어 주지 않고 거짓말쟁이로 치부하는 상황이 되면, 화를 내게 됩니다. 화를 내게 되면, 사이가 껄끄러워지고, 관계가 나빠집니다. 기분 나쁩니다.

이런 경험들이 있을 겁니다. 뷔페에 가면 내가 좋아하는 음식을 가져다 먹습니다. 옆 자리에 앉은 사람이 내가 보지 못했던 음식을 가져다 먹습니다.

"아니, 그런 것도 있었어요? 못 봤는데,"
"아, 네, 어디어디에 있던데요."

내 눈에 보이지 않았다고 해서 그 음식이 없었던 것은 아닙니다. 단지 내 눈에 띄지 않았을 뿐이지요.

누구든 자기가 보고, 말하고, 행동한 것을 이야기합니다. 물론 기억력이 없어서 잠시 기억을 못할 수는 있겠지만, 내가 그렇다는데, 상대방이 아니라 하면 정말로 화가 납니다.
그냥 인정해 주면 됩니다.

'엉, 그래?'
'그래, 그래.'
'음, 그렇구나!'

'나는 못 봤는데, 그렇구나!'

'나는 그 말을 못 들었는데, 그랬구나!'

'나는 없는 줄 알았는데, 있었네.' 등등

괜한 걸 가지고 화내야 할 이유가 없습니다.

봤으면 어떻고, 못 봤으면 어때요?

있으면 어떻고, 없으면 어때요?

들었으면 어떻고, 안 들었으면 어때요?

그게 그렇게 중요한가요?

물론 법적인 문제에서는 정말 중요한 부분입니다만, 우리가 일상생활을 하면서 그게 그렇게 중요한가요?

나이가 들면서 참으로 이상한 경험을 하고 있습니다. 머리로는 '커피'를 생각하면서 '커피'라고 말을 하려고 했는데, 입으로는 '아이스크림'을 말하고 있는 저를 보게 됩니다. 어떤 경우에는 입으로 '아이스크림'을 말해 놓고 '커피'라고 말을 했다고 철석같이 믿기도 합니다. 주변에서 '커피'가 아닌 '아이스크림'이라고 말을 했다고 해도 그 말을 인정하지 못하고 도리어 상대방에게 내가 하지도 않은 말을 했다고 한다고 비난하기도 합니다.

나는 그렇게 말한 적이 없다고 화를 내기도 합니다. 내 말을 아니라 하니 화가 나는 것입니다. 내 말을 아니라 하니 나를 무시하는 것 같은 생각이 들어서 화가 나는 것입니다.

그냥, 웃으면서 '어, 그래~'란 한 마디로 충분히 편해질 수 있습니다.

'커피'면 어떻고 '아이스크림'이면 어때요.

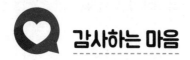

감사하는 마음

제가 불행하다고 생각하면서 생활을 할 때, 짜증과 불쾌감으로 생활을 할 때, 매일 화가 나 있는 상태에서 생활을 할 때, 제 마음 속에는 감사함이 없었습니다.

하나부터 열까지 거의 다 모든 것이 맘에 들지 않았습니다.
제 자신도, 남도.

행복하게 살고 싶어서 책을 찾아보던 중 어느 책에선가 '감사 일기'를 써 보라는 글을 읽게 되었습니다. 지푸라기라도 잡고 싶은 심정으로 저는 바로 실천했습니다. 글을 쓰려는데, 감사한 것이 하나도 생각나지 않았습니다.
'지금의 내 처지가 감사한 게 뭐가 있나' 하는 생각만 들었습니다. 다 맘에 안 드는 것뿐인데, '이런 것까지 쓰면서 행복해지려고 노력을 해야 하나'라는 생각도 들었습니다. 그렇지만, 정말로 행복하게 살고 싶었기 때문에 간신히 하나씩 적어 갔습니다.

'살아 있으니 감사하다'란 글을 쓰고 나니, 마음 한구석에서 '아니, 죽고 싶은 마음인데, 감사하기는 뭐가 감사해?'라는 생각이 자동적으로 떠올랐습니다. 진심으로 감사하게 느껴지지 않았습니다. 그래도 썼습니다.

'아픈 데 없이 몸이 건강하니 감사하다'란 말을 적으니 '누군들 이 정도로 안 건강한가? 마음이 건강하지 않은데 뭐가 감사해?'라는 생각이 들었습니다.

한 가지 찾아내서 적고 나면, 그 내용에 대해 반대되는, 부정적인 생각들이 '툭' 튀어나왔습니다. 자동화되어 있는 느낌이었습니다. 그러다가는 감사 일기를 못 쓸 것 같아서 아주 단순한 내용들을 써 보기로 했습니다. 부정적인 상황, 생각에 빠져 있으면, 본인의 장점을 찾아내기가 힘든 것처럼, 감사한 내용도 마찬가지라는 생각이 들었습니다. 하루하루 서너 가지 감사한 것을 찾는 것이 처음에는 어려웠습니다.

'아침밥을 먹었네, 감사한 일이지!'
'아이들이 학교에 갔네. 감사하지!'
'아이들이 학교에 가고 나 혼자 있네, 감사하지!'
'오늘은 낮잠을 실컷 잤네. 감사하다!'
'오늘은 밥이 잘됐네. 감사한 일이지!'
'화장실 청소를 하니 깨끗해서 좋네. 감사한 일이지!'
'아이들이 좋아하는 간식을 잔뜩 살 수 있어서 감사하네!'
'맛있는 걸 먹었네. 감사한 일이야!'

'오늘은 아이들이 잘 지내네. 감사한 일이지!' 등등 아주 소소한 것, 매일 똑같은 생활 속에서 뭔가를 찾아내려니 나름 어려웠습니다.

그런데, 신기한 것은 하루하루 감사 일기를 쓰다 보니 감사하게 느껴지는 부분이 점점 늘어나는 거였습니다. 저의 생활이 달라진 것은 별로 없었습니다만, 거의 매일 똑같이 반복되는 생활이었으니까요.

감사 일기를 쓰려면, 뭔가를 찾아야 하고 그러다보니 어떤 상황을 바라보는 시각이 달라지는 것을 느꼈다고나 할까? '감사한 마음의 안경'을 쓴 느낌, 그 감사안경을 통해서 보니 모든 것이 감사한 것으로 보이는 느낌이랄까? 감사한 마음이 자동화된다는 느낌이랄까?

아침에 일어나는 것부터 잠자리에 들 때까지 감사한 것들이 제법 많이 있다는 걸 알게 되었습니다.

잘 자고 일어나니 감사하고, 아침 뉴스를 보면, 매일 사건사고가 생기는데 우리 집은 밤새 안녕하니 정말 감사하고, 식구들이 모여서 아침밥을 먹으니 감사하고, 아이들이 있으니, 몸은 힘들어도 기쁘고, 교통이 불편한 곳에 살지만, 공기 좋은 동네에 살고 있으니 감사하고, 아이들이 맘껏 뛰어놀 수 있는 마당이 넓은 집에 사니 감사하고, 아이들이 아프지 않으니 감사하고, 아이들이 엄마 말을 잘 들으니 감사하고, 빚은 많지만, 이자를 낼 수 있으니 감사하고, 남편이 일을 하고 안전하게 집에 돌아오니 감사하고, 조금이라도 행복하게 살고 싶어서 노력하는 내 모습이 감사하고 등등.

이전과는 생각이 많이 달라지는 것을 느꼈습니다.
하나부터 열까지 감사한 게 많아졌습니다.

나름대로 효과가 있었고, 제게 도움이 되기에 한동안 감사 일기를 썼습니다. 감사 일기를 쓰다 보니, 짜증내고 화내는 일이 줄어들었습니다. 감사한데, 고마운데 화내야 할 내용이 점점 줄어드는 경험을 하였습니다. 그러다 보니, '감사하다!', '고맙다!'란 말이 이제는 습관화가 되어서 어떤 상황에서도 말버릇처럼 하게 되었습니다.

하루하루 무사히 잘 지낼 수 있다는 것만으로도 참 감사한 일입니다.

내가 처한 상황, 환경을 내가 변화시킨다는 것은 어려운 일입니다. 내가 어찌지 못하는, 내가 통제할 수 없는 것이라면, 내가 받아들여야만 하는 것들도 있습니다. 내가 불평불만을 가진다고 해서 달라지는 것은 없습니다. 그러면, 그런 상태에서 내가 편해질 수 있는 방법은 무엇이 있을까요? 그 속에서 감사한 내용을 찾는 것이 아닐까요?

감사한 마음이 있으면, 제 경험으로는, 짜증이, 불쾌한 마음이, 화나는 마음이 덜해지는 것은 맞습니다.

생리전증후군

생리는 여성의 기분, 건강상태에 영향을 미친다고 합니다. 생리전증후군은 생리를 하는 여성이라면 약 75%가 경험한다고 합니다.

허리가 아프거나 두통, 어지럼증, 손발이 차갑거나 설사, 혹은 반대로 변비를 경험하기도 하고, 온몸이 붓는 느낌이 들기도 하고, 가슴이 아프거나 유방통증이 생기기도 하고, 피부가 거칠어져서 화장이 잘 안 먹기도 하고, 여드름이 나는 등의 신체적인 증상과 쉽게 화를 내거나 짜증이 나기도 하고, 조그만 일에 버럭 하기도 하고, 우울해지기도 하며, 무기력, 만사 다 귀찮은 마음이 되기도 하고, 자기 자신에 대해 하찮게 느껴지기도 하고, 활동적이던 사람이 밖에 나가기를 싫어하고, 혼자 있고 싶어 하고, 부정적인 태도로 사람을 대하는 등의 증상들이 나타나기도 합니다. 대다수의 여성들이 경험하고 있는 생리전증후군은 증상만 해도 200여 가지가 넘는다고 합니다.

제 경우는 생리가 시작되기 전에 식탐에 사로잡힙니다. 기름진 것과 달달한 것이 당기고, 먹어도 또 먹고 싶고, 만사 다 귀찮아 지고 부정적인 생각이 듭니다. 우울감에 사로잡혀 무기력한 상태가 되기도 합니다. 이유 모를 '분노'에 휩싸이게 되어 짜증이 나고 화가 나기도 합니다.

평소에는 아무렇지도 않게 지나가던 것들에 대해서도 예민하게 받아들여서 화를 내기도 합니다. 한마디로 최악의 컨디션이 되고 맙니다.

그러다 생리가 시작되고 나면, 몸이 피곤하고, 무겁고, 생리통이 나를 힘들게 합니다. 생리혈이 쏟아질 때는 내 몸인데도 불구하고 내 맘대로 통제할 수가 없습니다. 불쾌함을 느끼며 며칠을 보내야 합니다. 생리가 끝나면, 언제 부정적인 생각이 있었냐는 듯이, 긍정적인 모습으로 활동적이고, 사교적이며, 자신감 넘치는 생활을 하게 됩니다. 기쁜 마음으로 다른 사람들을 배려하고 보살펴 줄 수 있습니다. 나의 희생으로 나의 가족이 행복해하니 나도 참 행복하다는 생각이 듭니다. 인생은 살 만하다는 생각이 듭니다.

그러다 배란기가 지나고 나면, 다시 식욕이 늘어나고, 차분해지고, 밖에 나가기도 귀찮고, 집에만 있고 싶고, 사람들 만나는 것도 싫어지고, 왜 나만 집안일을 해야 하고, 왜 나만 식구들을 배려해야 하고, 희생해야 하는지, 화가 올라오고 짜증이 올라옵니다. 만사 다 귀찮아집니다.

감정 조절을 하면서,
어느 때는 괜찮은데,
어느 때는 잘 되는데,

어느 때는 잘 되지 않는 나의 모습을 발견하게 되었습니다.

도대체 짜증이 나고 화가 나는데, 뭐 때문에 그러는 건지 알 수가 없는 상황들이 있음을 알게 되었습니다. 이유를 알지 못하는 상황들이 있다는 것을 알게 되었습니다. 주기적으로 그런 상황이 있음을 알게 되었습니다. 생리 주기에 맞추어 내 감정이, 내가 어쩌지 못하는 상황으로 전개되는 경우가 있는 것을 경험하였습니다.

생리전증후군이 생기는 정확한 원인은 아직 밝혀지지 않았다고 합니다. 월경주기의 호르몬 상태가 생리전증후군의 중요한 원인 가운데 하나로 짐작되고 있답니다.

생리를 시작하고 끝나면서 4일에서 10일간은 에스토스테론, 테스토스테론이 늘어나고, 11일에서 13일은 에스토스테론, 테스토스테론수치가 최고조에 달하며, 14일에서 22일은 에스토스테론, 테스토스테론이 줄어들고, 프로게스테론(황체호르몬)이 늘어난다고 합니다. 23일에서 28일은 에스토스테론, 테스토스테론이 감소한다고 합니다.

확실하게 밝혀진 것은 아니지만, 호르몬의 분비량은 생리 주기에 따라 변하고, 호르몬의 밸런스가 기분이나 건강에 영향을 준다고 합니다.

호르몬이 내 몸에서 작용을 한다고 해도 내가 내 맘대로 호르몬을 통제할 수가 없습니다. 내가 내 몸의 호르몬에게 '호르몬아, 내가 힘드니까 나대지 마라'라고 해도 호르몬은 내 말대로, 내 맘대로 통제할 수가 없습니다.

즉, 생리로 인하여 올라오는 감정에 대해서는 내가 내 맘대로 조절하지 못하는 경우가 있을 수 있다는 겁니다. 제 경험으로는.

내가 스스로 '그때'임을 알고,

예민해질 수 있다는 것을 알고,

주변 사람들에게 '그때'임을 알려주고,

시간이 지나가길 기다려야 합니다.

다행히도 시간은 지나가고 인생은 살 만한 느낌으로 다시 다가옵니다.

제 경험으로는, 나름대로 평상시 감정 조절을 잘 하는 상태가 되면, 호르몬의 변화로 인한 감정 변화를 인식하고, 그 감정을 다른 사람에게 표출하는 경우가 적어집니다.

호르몬 변화로 인한 감정을 따로 '분리'시켜서 그 감정을 관리를 한다는 입장으로 내가 내 감정을 주도적으로 통제를 하겠다는 생각으로 대하는 자세가 필요하며, 이는 나름대로 효과가 있는 방법입니다.

넷

'한 박자 쉬고~'의
사례들

〈사례 1〉

부부 사이가 좋지 않으셨던 아내 분께서 남편과 싸울 때, '한 박자 쉬고 ~'가 생각이 나서 큰소리로 '한 박자 쉬고~'를 외치셨답니다. 남편이 놀랐는데, 그 모습을 보면서 부부싸움이 별게 아니라고 느껴지면서 둘이 한바탕 웃었답니다.

〈사례 2〉

아이를 다섯 명 키우시는 어머님께서는 아이들 때문에 화가 많이 났었는데, 편한 분위기 속에서 아이들을 모아놓고 엄마가 가슴 높이에 손을 대고 표시하면서 이만큼 화난 것은 70% 화난 거고, 턱 부분을 손으로 가리키면서 이만큼 화난 것은 90% 화난 거고, 머리 꼭대기를 가리키면서 이만큼 화난 것은 100% 화난 거라고 알려 주었답니다. 화난 것을 참아야 할 필요가 없고, 엄마가 화난 것을 알려주기 위해 그렇게 하셨다고 합니다.

그 후에 어떤 상황이 벌어져서 엄마가 화가 났을 때, "엄마 이만큼(가슴 부위를 가리키며) 화났어!"라고 했답니다.

아이들이 엄마를 힐끗 쳐다보더니 자신들의 행동을 그대로 이어 갔고, 이에 화난 엄마는 턱을 가리키며, "이만큼 화났어!"라고 했답니다. 아이들이 잠시 행동을 멈추더니 그대로 변함없이 자신들의 행동을 이어 갔고, 엄마는 정말 화가 나서 머리 꼭대기를 가리키며 엄마가 정말 화났다는 것을 알렸답니다.

아이들이 그제야 엄마가 많이 화났다는 것을 알고, 엄마가 원하는 대로 행동을 하더랍니다. 아이들에게 소리 한마디 지르지 않고 본인이 화가 난 것을 알려 줌으로써 편해졌다고 합니다.

〈사례 3〉

어느 아내 분은 남편과의 관계가 어려워서 남편 앞에서는 긴장을 하고, 긴장을 하니까 하고 싶은 말을 못해서 답답해하셨습니다. 밖에서 일을 보고 남편이 있는 집으로 들어갈 때, 현관 앞에서 '한 박자 쉬고, 두 박자 쉬고, 세 박자 쉬고……' 집안으로 들어갔답니다. 아시다시피 깊은 호흡을 하면, 긴장을 멈출 수 있습니다. 몸의 긴장이 풀어지는 연습을 하고 남편을 대하니 좀 편해지셨다고 합니다.

〈사례 4〉

어느 어머니께서는 아들 둘을 키우시고 계셨는데, 아이들이 싸우기도 하고, 울기도 하는 모습을 볼 때마다 화가 났다고 하셨습니다. '한 박자 쉬고~' 프로그램에 참석한신 후, 아들이 다투거나 울거나 할 때, 옆에서 가만히 지켜보면서, 한 박자 쉬고, 두 박자, 세 박자, 열 박자까지 쉬셨답니다.
마음이 차분해지면서 '아이들이 그럴 수도 있겠다.'라는 생각과 함께 화가 가라앉는 경험을 하셨다고 합니다. 마음이 차분해진 상태에서 아이들을 바라보니 그렇게 예쁠 수가 없다고 하셨습니다.

〈사례 5〉

어느 분은 직장 상사와의 갈등 속에서 힘들어했는데, 힘든 상황이 생겼을 때, 한 박자 쉬면서 곰곰 생각해 보니 상사의 입장에서는 그럴 수도 있겠다는 생각이 들었고, 그런 생각을 하니 상사가 그렇게 싫지만은 않은 감정으로 변하더라고 하였습니다. 내 입장도 있고, 상대방의 입장도 있는 건데, 너무 자신의 입장에서만 생각하다 보니 화가 났었던 것 같다고 했습니다.

〈사례 6〉

아침마다 아이들을 깨우고 밥을 먹이고 학교 보내고, 자신도 출근을 해야 하는 어머니께서는 정말 스트레스를 많이 받으셨고, 아이들이 엄마 뜻대로 움직여 주지 않으면 아이들에게 소리치고 화를 내는 상황이 지속되다가, 아이가 문제 행동을 보여 상담소를 방문하여 상담을 받으셨습니다.

아이의 문제 행동을 고치고 싶은 것이 엄마의 상담 목표였는데, 아시다시피, 아이들의 문제 행동이란 많은 부분이 엄마가 아빠가 어떻게 하느냐에 따라 달라집니다.

엄마가 화를 내는 이유에 대해 알고, 어떻게 화를 내야 하는지에 대해 알게 되어, 엄마가 화가 나려는 순간을 스스로 알아채서 '한 박자 쉬고~'를 하면서, 마음을 침착하게 하면서 아이들에게 부드럽게 예쁘게 말을 하고, 처음에는 엄마의 모습이 낯설어서 당황해하던 아이들도 점차 엄마의 노력에 보답하여 편안한 아침을 맞이할 수 있었다고 합니다.

〈사례 7〉

화를 내면 안 된다고 생각하며 생활하신 아주머니 한 분이 계셨습니다. 어릴 때부터 감정표현을 하는 것을 어려워하셨고, 특히 분노의 감정을 드러내는 것을 매우 어려워하셨습니다. 그러다 보니 주변 사람들에게 거절을 못 하고, 이용당하기도 하고, 이용당하는 것을 알면서 화가 났지만 화를 내 본 적이 없어서 화를 어떻게 내야 하는지도 모르고 혼자 답답해만 하셨습니다.

화를 내도 괜찮다는 것을 믿으시고, 자신이 화가 났을 때, 상대방에게 '나-전달법'으로 본인이 화가 난 것에 대해 말을 했답니다. 화를 내고 나면 자신에게 부정적인 결과가 올 것 같아 두려웠는데, 화를 냈는데도 아무 일도 안 일어났다면서 고마워했습니다. 화를 내고 나니 답답한 마음이 뚫린 것 같았고, 상대방의 아주머니에 대한 이해도 높아졌다고 했습니다.

〈사례 8〉

아이가 짜증을 내거나 화를 내면 그것을 보기가 어려워서 아이에게 화를 냈던 어머니께서는 아이도 화를 낼 수 있다는 것을 인정하시고 아이를 바라보니 아이 입장에서는 그럴 수도 있겠다는 생각이 들었고, 아이의 감정을 읽어 주고 기다려 주니 아이도 편한 상태가 되고, 어머니도 편한 상태가 되었답니다.

〈사례 9〉

남편이 갑자기 버럭 소리를 지르는 모습을 보고 아내가 '한 박자' 쉬면서 생각을 했답니다. 내가 뭐라고 말을 하면 좋을까? 이렇게 말을 하면 이런 반응이 나올 거고, 저렇게 말을 하면 저런 반응이 나올 거고, 내가 바라는 결과를 얻기 위해서는 '이렇게' 말을 해야겠다고 생각을 하고 남편에게 말을 했답니다. 차분한 마음으로. 나중에 남편이 소리 지른 것에 대해 미안하다고 사과를 하더랍니다.

〈사례 10〉

아이에게 화를 자주 냈던 분이신데, 화를 내는 이유는 '아이가 화를 내서'였습니다. 아이도 어른도 누구라도 화를 낼 수 있다는 생각을 하게 되니, 누구라도 이유가 있어서 화를 낸다는 것을 받아들이고 나니, '아! 너도 화날 만하니까 화를 내는구나!'라는 생각을 하고 나니 아이가 화를 내는 모습을 봐도 화가 안 나더랍니다.

〈사례 11〉

아버지와 둘이 사는 아들이 있었습니다. 아버지는 아들에게 항상 잔소리를 하셨고, 아들은 그 잔소리가 정말 싫어서 아버지와 큰 소리로 싸우기도 했답니다. 아들은 자신의 입장을 이해해 주지 않는 아버지에게 화가 났고, 아버지의 행동에 대해 이해할 수 없었답니다. 그런데, 아버지도 아버지의 입장이 있고 상황이 있을 거라는 생각이 들면서 아버지의 입장에 대해 생각을 해 보니 아버지는 아버지대로 그럴 수밖에 없겠다는 생각이 드니 아버지를 조금은 이해할 수 있게 되어서 마음이 편해지더랍니다.

〈사례12〉

엄마의 말에 말대꾸를 하는 자녀 때문에 힘들어서 상담을 진행한 어머니의 이야기입니다.

자식은 엄마의 말을 당연히 들어야 한다는 생각이 강하셨던 분이셨습니다. 본인은 어렸을 때부터 부모님의 말에 순종을 하면서 살아왔고, 자신이 그렇게 살아왔기 때문에 자신의 자녀들도 그래야 한다고 생각을 하고 있었던 겁니다. 그런 엄마에게 또박또박 자기 생각을 이야기하는 자녀는 엄마를 힘들게 했고, 엄마는 자녀에게 화를 버럭 내게 되고 점점 사이가 나빠지게 되니까 걱정이 되어서, 힘들어서 상담을 하게 된 것입니다.

먼저, '자녀는 부모에게 말대꾸를 하면 안 된다.'는 생각은 어디서 온 것인지에 대해서 이야기를 나누었습니다. 자신이 어렸을 때, 자신의 생각을 부모님에게 말을 못 해서 겪었던 부정적인 경험에 대해서도 이야기를 나누었습니다. 그렇게 자란 본인의 모습은 부당하다고 느끼는 상황에서도 상대방이 나이가 많으면 자신의 생각을 이야기하지 못하거나, 거절하지 못하고, 그런 모습의 자신을 보면서 화가 난다고 하였습니다. 말대꾸를 한다는 것의 장단점에 대해서도 살펴보았습니다. '말대꾸'를 어떤 프레임으로 볼 것인지에 대해서도 이야기를 나누었습니다.

자녀는 자녀의 생각을 이야기하고 있을 뿐이라는 생각이 들고, 자신의 생각을 자유로이 할 수 있다는 데 대해 긍정적으로 보게 되니 오히려 당당하게 자신의 말을 하는 자녀가 대단하다는 생각이 들면서 마음이 편해지시더랍니다. 굳이 화를 낼 일은 아니라는 생각이 드셨다는 겁니다.

실천을 위한
활동지

저는 분노에 관한 상담을 진행할 때, 내담자에게 노트를 마련할 것을 권유 드립니다.

우리가 워낙 바쁘게 살다 보니 이런저런 것들을 잘 잊어버리기도 합니다. 노트에 적어 가면서, 자신의 감정을 들여다보는 연습을 하다 보면, 어느 새 자신이 원하는 편안한 모습이 되어 있을 것입니다.

먼저 내가 어떤 경우에 화를 내는지, 어떻게 행동을 하는지를 알아야, 의식을 해야 내가 원하는 대로 감정 조절하기가 훨씬 수월하기 때문입니다.

〈화에 대해 살펴보기〉

* 나는 화를 내면 안 된다고 생각하나요?
  그 이유는 무엇인가요?

* 나는 화를 내도 된다고 생각하나요?
  그 이유는 무엇인가요?

* 어떤 경우에 화를 내도 괜찮다고 생각하나요?

* 내가 화를 내도 괜찮다고 생각하는 대상은 누구인가요?

〈내가 화날 때의 상황 살펴보기〉

* 언제, 어떤 상황에서 화가 나나요?
  무엇이 나를 화나게 하나요?

* 화가 났을 때 내가 선택한 행동은 무엇인가요?
  내가 선택한 행동에 대한 결과는 어떠했나요?

* 이와 비슷한 상황이 또 벌어진다면, 나는 어떤 선택을 할 것인가요?

* 나의 선택에 대한 후회는 없나요?
  없다면 어떤 점에서 없나요? 있다면 어떤 점에서 있나요?

* 내가 화를 낸 것은 정당한가요?

* 내가 화났을 때, 상대방에게 바라는 것은 무엇인가요?

〈상대방이 화날 때의 상황 살펴보기〉

* 상대방은 언제, 어떤 상황에서 화를 내나요?

* 무엇이 상대방을 화나게 하나요?

* 상대방이 선택한 행동은 무엇인가요?
  상대방이 선택한 행동에 대한 결과는 무엇인가요?

* 이와 비슷한 상황이 벌어진다면, 내가 상대방 입장이라면,
  어떤 선택을 할 것인가요?

* 상대방이 화를 낸 것은 정당하다고 생각하나요?

* 화가 난 상대방에게 뭐라고 말해 주고 싶은가요?

* 상대방이 나에게 바라는 것은 무엇인가요?

다섯, 실천을 위한 활동지

〈나의 부모님의 화에 대해 살펴보기〉

* 아버지(어머니)는 어떤 경우에, 어떻게 화를 내셨나요?

* 아버지(어머니)가 화를 낼 때, 나는(주변 사람들은) 어떻게 반응했나요?

* 나는 어떤 경우에, 어떻게 화를 내고 있나요?
  아버지(어머니)와 닮은 점은 무엇인가요?

* 내가 화를 낼 때 주변사람들은 어떠한가요?

〈어린 시절의 상처 살펴보기〉

* 내가 어렸을 때 아버지(어머니)에게 원했던 것은 무엇인가요?
  원했던 것을 아버지가 충족을 시켜 주셨나요?
  그러지 않으셨나요? 그 이유는 무엇일까요?

* 아버지(어머니)에게서 내가 상처받은 내용이 있나요?
  있다면 무엇인가요?

* 아버지(어머니)로부터 받은 상처가 나의 행동에 영향을 주는 내용은
  무엇인가요?

* 부모님의 행동은 나에게 상처를 주려던 것이었을까요?

〈무시에 관해 살펴보기〉

* 내가 다른 사람을 무시하는 경우가 있다면 어떤 경우인가요?
  상대방은 내게 무시당해도 되는 사람이라고 생각하나요?
  그 이유는 무엇인가요? 상대방의 행동에 따라
  나의 무시하는 행동도 달라지나요?

* 상대방이 나를 무시하는 것을 경험한 적이 있나요? 있다면 어떤 경우
  인가요? 무엇을 보고 상대방이 나를 무시한다고 생각하나요? 상대방
  에게 나를 무시하는지에 대해 물어보고 확인하고 싶은 생각이 있나
  요? 있다면 그 이유는 무엇인가요? 없다면 그 이유는 무엇인가요?

* 상대방이 나를 무시해도 된다고 생각하나요? 그 이유는 무엇인가요?
  나는 상대방을 무시해도 된다고 생각하나요? 그 이유는 무엇인가요?

* 상대방이 나를 무시하도록 놔두면 어떤 결과가 올까요?

〈내가 당연하다고 생각하는 것들〉

* 내가 당연하다고 생각하는 것은 무엇인가요? 그 이유는 무엇인가요?

* 내가 당연히 해야 한다고 생각하고 행동하는 것에 대해
  영향을 준 사람이 있나요? 있다면 누구인가요?

* 내가 당연히 해야만 하고 반드시 해야만 하는 내용들은
  나를 편하게 하나요? 불편하게 하나요?
  편하다면 어떤 점에서, 불편하다면 어떤 점에서 불편한가요?

* 내가 당연하다고 생각하는 내용이 당연하지 않게 되었을 때
  어떤 상황이 벌어질까요?

〈한 박자 쉬고~ 연습〉

* 화가 나는 것을 느낌
  - 신체적인 변화 등으로 스스로 화가 나는 것을 느낌
  - 화날 만하니까 화가 나는구나를 인정하기

* 무엇이 화가 나게 했는지 알기
  - 화가 나는 이유를 알기
  - 나의 생각이 합리적 사고인지 비합리적 사고인지 살펴보기

* 화를 표현해야 할지 보류해야 할지 선택하기
  - 화를 표현하게 되면 내가 얻는 긍정적인 효과는 무엇인지 생각해 보고, 효과가 있을 것이라고 판단이 되면 화를 표현하고, 효과가 없다면 화를 내지 않는 것을 선택하기
  - 지금 화를 내는 것이 좋을지 아닐지 판단하여 때에 따라서는 보류하기

* 화를 표현하기
  - 나-전달법을 사용하여 화를 표현하기
  - 때에 따라서는 너-전달법으로 화를 표현하기
  - 비폭력적인 방법으로 화를 표현하기